Análisis de políticas fiscales de la OCDE: Costa Rica 2017

OCDE
MEJORES POLÍTICAS PARA UNA VIDA MEJOR

El presente trabajo se publica bajo la responsabilidad del Secretario General de la OCDE. Las opiniones expresadas y los argumentos utilizados en el mismo no reflejan necesariamente el punto de vista oficial de los países miembros de la OCDE.

Tanto este documento como cualquier mapa que se incluya en él no conllevan perjuicio alguno respecto al estatus o la soberanía de cualquier territorio, a la delimitación de fronteras y límites internacionales, ni al nombre de cualquier territorio, ciudad o área.

El *Análisis de políticas fiscales de la OCDE: Costa Rica 2017* ha sido preparado por el Secretariado de la OCDE con base en la información de que se dispone a fecha de 1 de abril de 2017 y no prejuzga en modo alguno los resultados de las revisiones actualmente en curso a cargo de comisiones de la OCDE como parte del proceso de adhesión de Costa Rica a la Organización.

Por favor, cite esta publicación de la siguiente manera:
OCDE (2017), *Análisis de políticas fiscales de la OCDE: Costa Rica 2017*, Éditions OCDE, París.
http://dx.doi.org/10.1787/9789264278608-es

ISBN 978-92-64-27859-2 (impresa)
ISBN 978-92-64-27860-8 (PDF)

Los datos estadísticos para Israel son suministrados por y bajo la responsabilidad de las autoridades israelíes competentes. El uso de estos datos por la OCDE es sin perjuicio del estatuto de los Altos del Golán, Jerusalén Este y los asentamientos israelíes en Cisjordania bajo los términos del derecho internacional.

Prólogo

El presente informe contiene un análisis exhaustivo de la política fiscal definida en el actual sistema tributario de Costa Rica, junto con recomendaciones para reformarla. El estudio, dividido en cinco partes, comienza con una perspectiva general de las principales tendencias macroeconómicas y de los ingresos fiscales (capítulo 1), a la que sigue un análisis de los principales impuestos del sistema tributario costarricense: impuestos sobre la renta de las empresas (capítulo 2), impuesto sobre la renta de las personas físicas y contribuciones al sistema de seguridad social (capítulo 3), impuesto general sobre las ventas (capítulo 4) e impuestos relacionados con el medio ambiente (capítulo 5).

Este estudio forma parte de una nueva serie de publicaciones titulada Análisis de Política Fiscal de la OCDE. Su objetivo es proporcionar valoraciones independientes, globales y comparativas de los sistemas tributarios de los Estados miembros de la OCDE y de otros países, así como ofrecer recomendaciones concretas para la reforma de la política fiscal. Mediante una evaluación comparativa de los sistemas tributarios de los diferentes países y la identificación de opciones específicas y a la medida de reformas tributarias, el objetivo último del estudio es mejorar el diseño de las políticas tributarias existentes y apoyar la adopción y la implementación de consiguientes reformas.

Este informe fue elaborado por Bert Brys, Sarah Perret, Sarita Gómez, Johanna Arlinghaus y Tibor Hanappi, bajo la dirección de los dos primeros. El análisis se basa, principalmente, en investigaciones documentales, estadísticas de la OCDE y herramientas de preparación de modelos tributarios, así como en los hallazgos encontrados dentro del marco de una misión a San José durante la segunda semana de octubre de 2016. Los autores del informe desean expresar su agradecimiento al Ministerio de Hacienda de Costa Rica por su ayuda en la organización de dicho trabajo y en el seguimiento de los sucesivos borradores. Gracias también al Ministerio de Comercio Exterior de Costa Rica (COMEX) y al Ministerio de Medio Ambiente de Costa Rica por sus comentarios. Los autores desean expresar su agradecimiento asimismo a Sonia Araujo, Piet Battiau, Juan Carlos Benitez Molina, Nils Axel Braathen, David Bradbury, Stéphane Buydens, Jeremiah Coder, Nathalie Girouard, Mark Johnson, Dimitra Koulouri, Horacio Levy, Patrick Lenain y Giorgia Maffini, Angel Melguizo, Sebastian Nieto Parra and Kurt Van Dender del Secretariado de la OCDE, por sus provechosas observaciones y sugerencias.

Siga las publicaciones de la OCDE en:

http://twitter.com/OECD_Pubs

http://www.facebook.com/OECDPublications

http://www.linkedin.com/groups/OECD-Publications-4645871

http://www.youtube.com/oecdilibrary

http://www.oecd.org/oecddirect/

Este libro contiene...

StatLinks

¡Un servicio que transfiere ficheros Excel®
utilizados en los cuadros y gráficos!

Busque el logotipo *StatLinks* en la parte inferior de los cuadros y gráficos de esta publicación. Para descargar la correspondiente hoja de cálculo Excel®, sólo tiene que introducir el enlace en la barra de direcciones de su navegador incluyendo primero el prefijo *http://dx.doi.org* o bien haga clic en el enlace de la versión electrónica.

Índice

Figuras

Tablas

Recuadros

Resumen ejecutivo

Costa Rica se enfrenta a importantes retos en el ámbito de su política fiscal

Los ingresos fiscales de Costa Rica son cercanos al promedio de los ingresos fiscales en países de América Latina y el Caribe (ALC) aunque, a pesar de los recientes esfuerzos realizados en el país para reducir el gasto, éstos son insuficientes para financiar los gastos actualmente necesarios en el país. Los mayores ingresos fiscales deberían derivarse, principalmente de la ampliación de las bases gravables, así como de los esfuerzos adicionales para hacer frente a la elusión y la evasión fiscal y a atraer a más contribuyentes a la economía formal.

Además de aumentar los ingresos fiscales para equilibrar su presupuesto, Costa Rica necesitaría corregir las distorsiones de su actual combinación de impuestos y mejorar la función redistributiva de su sistema fiscal. En particular, una vez conseguido el equilibrio presupuestario, el país debería tender a reducir gradualmente la imposición sobre las contribuciones al sistema de seguridad social (CSS), que gravan notablemente al sector del empleo formal, compensando esa reducción por medio de impuestos menos distorsionantes, como el impuesto sobre el valor agregado (IVA) y los impuestos relacionados con el medio ambiente. Además, el papel del impuesto sobre la renta de las personas físicas (IRPF) debería potenciarse, ya que en la actualidad aporta escasos ingresos y no contribuye a reducir las desigualdades.

La excesiva destinación específica que se le ha dado a los ingresos fiscales, que limita de manera sustancial las decisiones gubernamentales sobre financiación pública, debería reformarse si se desea que a largo plazo, Costa Rica se ubique en el camino que lleva a la sostenibilidad fiscal.

Reforma del sistema de tributación de las empresas

Costa Rica impone una tarifa relativamente alta de impuesto sobre la renta de las empresas (IS) sobre una estrecha base gravable. Las empresas se ven incentivadas por motivos fiscales a financiar las inversiones con deuda, más que con capital. Los ingresos pasivos de fuente extranjera no son gravados, hecho que no es habitual. Las empresas afrontan tarifas efectivas de tributación (TET) relativamente altas, lo que desalienta la inversión extranjera directa (IED). El país ofrece una amplia gama de incentivos fiscales a las empresas, como aquellos disponibles a las compañías de las zonas de libre comercio (ZLC). El régimen fiscal de las ZLC reduce significativamente la carga impositiva para la inversión procedente de países con un sistema fiscal territorial, pero no para los que tienen un sistema fiscal de renta mundial. Para estas inversiones, el régimen de ZLC implica una transferencia de los ingresos fiscales de Costa Rica al país inversionista. Costa Rica debería efectuar regularmente un análisis de costo y beneficio de sus diferentes incentivos fiscales disponibles para las empresas, incluyendo el régimen de ZLC, a fin de valorar sus beneficios netos en términos de inversión adicional, empleo y productividad, y debería valorar el modo en el que es posible mejorar el diseño de tales incentivos fiscales.

Fortalecimiento del papel del impuesto sobre la renta de las personas físicas

Las CSS gravan de manera sustancial el empleo en el sector formal, mientras que son pocos los individuos que están sujetos al IRPF. La falta de integración entre las administraciones de este último y de las CSS es uno de los principales retos que afronta el mercado laboral costarricense. Dado que los fondos del sistema de seguridad social generalmente deben financiar su propio gasto, ello da lugar a que las tarifas de las CSS sean elevadas. Esto resulta en cargas impositivas promedio altas sobre los ingresos y costos laborales, lo que reduce los incentivos al trabajo en el sector formal y la demanda de mano de obra del sector formal por parte de los empleadores. Los limitados ingresos procedentes del IRPF suponen, asimismo, que las cargas fiscales sobre el trabajo no juegan un papel significativo en la redistribución de los ingresos. La obtención de mayores ingresos a través del IRPF, mediante la reducción del umbral por encima del cual debería pagarse dicho impuesto, e introduciendo nuevos tramos fiscales, así como elevando gradualmente la tarifa máxima, puede contribuir a reducir la desigualdad de los ingresos. Costa Rica debería plantearse como objetivo una mayor integración de los sistemas tributario y de seguridad social, incluyendo mejores prácticas de intercambio de información entre las administraciones tributaria y de CSS, y la armonización del tratamiento fiscal de los diferentes tipos de ingresos de las personas físicas, a fin de limitar las distorsiones y las probabilidades de elusión fiscal.

Implementación de un sistema moderno de IVA

Costa Rica no cuenta con un sistema de IVA moderno. El actual impuesto general sobre las ventas exonera a los servicios, salvo los expresamente gravados de acuerdo con el ordenamiento legal. Además de disminuir la neutralidad de los impuestos, esta estrecha base gravable genera una significativa pérdida de potenciales ingresos. El sistema de impuestos sobre las ventas vigente en Costa Rica resulta asimismo un tanto regresivo, debido a la existencia de exenciones que benefician principalmente a las unidades familiares de mayor poder adquisitivo. En el país, debería definirse como prioridad la introducción de un sistema de IVA, bien diseñado y de base gravable amplia, que cubra tanto los bienes como los servicios, pueda generar ingresos adicionales y elimine las distorsiones existentes. Reformas adicionales relacionadas con el modo de ofrecer créditos para el IVA y con la tributación de los servicios transfronterizos serán necesarias para mejorar la neutralidad tributaria.

Utilización de la política fiscal para abordar determinados retos ambientales

Hay margen para mejorar la eficacia ambiental de la política fiscal, con el consiguiente aumento de los ingresos. En concreto, el impuesto sobre el consumo de carburantes podría extenderse a todos los combustibles fósiles y las tarifas podrían alinearse mejor con los costos externos de dichos combustibles. Dado que las exenciones fiscales en la venta e importación de combustibles se traducen *de facto* en un trato preferente a dichos combustibles, dichas exenciones deberían reconsiderarse. También el diseño del impuesto sobre los vehículos puede ser modificado para adecuarlo a los objetivos de las políticas de medio ambiente, como la lucha contra la contaminación atmosférica y las congestiones de tráfico. Con el propósito de igualar las condiciones, debería armonizarse el trato fiscal de los productores públicos y privados de electricidad. Es igualmente conveniente evaluar la rentabilidad económica y los beneficios obtenidos en la práctica del Programa de Pagos por Servicios Ambientales.

Recomendaciones clave

- Elevar los ingresos fiscales para equilibrar el presupuesto.
- Alejarse de la excesiva destinación específica de los ingresos fiscales.
- Reequilibrar gradualmente la combinación de impuestos, alejándose de las CSS hacia el IVA, los impuestos sobre la renta y los relacionados con el medio ambiente, en la medida en que el presupuesto se vaya balanceando.
- Convertir el impuesto general sobre las ventas en un IVA moderno con una base amplia que grave los servicios.
- Elevar la tarifa impositiva estándar de IVA para propiciar el equilibrio del presupuesto.
- Reforzar el papel de los sistemas tributarios y de transferencia reduciendo la desigualdad y ampliando la base gravable del IRPF y elevando la tarifa máxima de este impuesto.
- Fomentar la integración de los sistemas de impuestos sobre la renta y CSS a través de una mejora en el intercambio de información entre los organismos gubernamentales responsables de la administración de dichos sistemas.
- Reducir las exenciones fiscales relacionadas con el medio ambiente y alinear las tarifas impositivas con los costos externos.
- Ampliar la base de empresas que contribuyen al impuesto sobre la renta con medidas como gravar los ingresos pasivos de fuentes extranjeras, introducir una regla de limitación de intereses con base en los beneficios y evaluar la gran variedad de incentivos fiscales para las empresas. Con el tiempo se debería reducir gradualmente la tarifa del IS.
- Hacerle cara a la elusión y la evasión fiscal mediante el reforzamiento de la administración tributaria, la armonización del tratamiento fiscal de los diferentes tipos de ingresos y el fortalecimiento de las norma tributarias internacionales.

Capítulo 1

Perspectiva general de los desafíos fiscales y de la política tributaria en Costa Rica

Este capítulo analiza el nivel y la composición de los ingresos fiscales obtenidos en Costa Rica. El capítulo se centra en los indicadores macroeconómicos de la economía costarricense, incluyendo el nivel de crecimiento económico del país, la tasa de desempleo, el nivel de desigualdad, el déficit presupuestario y el nivel de deuda. Se abordan, asimismo, características específicas del diseño institucional, incluida la destinación específica de los ingresos fiscales. El capítulo trata el nivel de evasión y elusión fiscal. Se mencionan también los planes de reforma fiscal del país. En él se señalan las pautas generales en el marco de las cuales se desarrolla el análisis en profundidad de la política fiscal expuesto en el resto del informe.

Pese a los importantes logros económicos y sociales, Costa Rica afronta notables desafíos

Costa Rica ha experimentado un importante progreso económico y social. El PIB real per cápita no ha dejado de aumentar (figura 1.1), hasta casi duplicarse en las últimas tres décadas. En 2015, el PIB per cápita se situaba por debajo de la mitad del promedio de la OCDE y aún es inferior al de algunos de los países económicamente más avanzados de la región de América Latina y el Caribe (ALC) (figura 1.2). No obstante, dicho PIB per cápita real sigue en aumento, con índices muy superiores a los de otros muchos países de ALC y de la mayoría de los Estados miembros de la OCDE. Además, en parte debido a los sistemas casi universales de atención sanitaria, pensiones y educación primaria, Costa Rica ocupa una buena posición en lo que respecta a los indicadores generales de desarrollo socioeconómico y bienestar (OCDE, 2016a).

Figura 1.1. **Cambio porcentual en el PIB per cápita de Costa Rica, ALC y la OCDE**

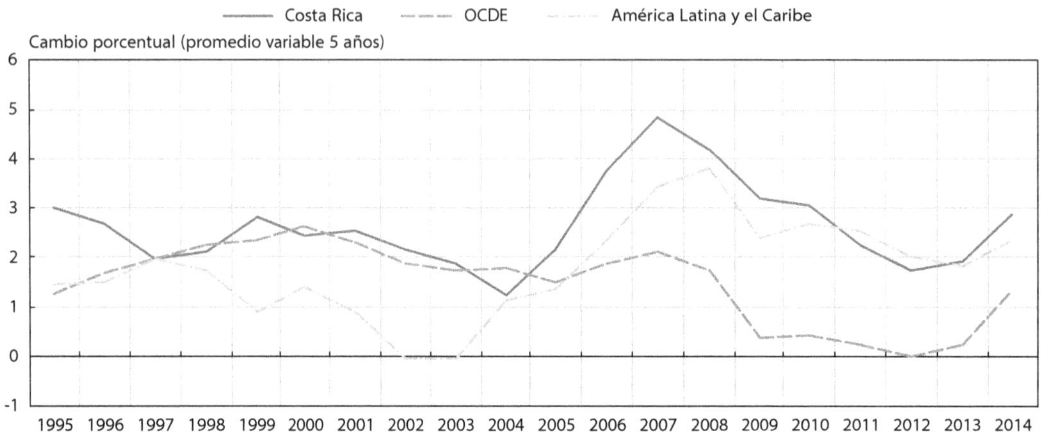

StatLink http://dx.doi.org/10.1787/888933545139

Nota: Crecimiento anual del PIB per cápita en términos de paridad del poder adquisitivo (PPA), en USD internacionales constantes de 2011 (promedio variable de 5 años).

Fuente: Estudios económicos de la OCDE. Evaluación económica de Costa Rica, 2016.

Figura 1.2. **PIB per cápita en términos de paridad del poder adquisitivo (PPA) (USD internacionales actuales)**

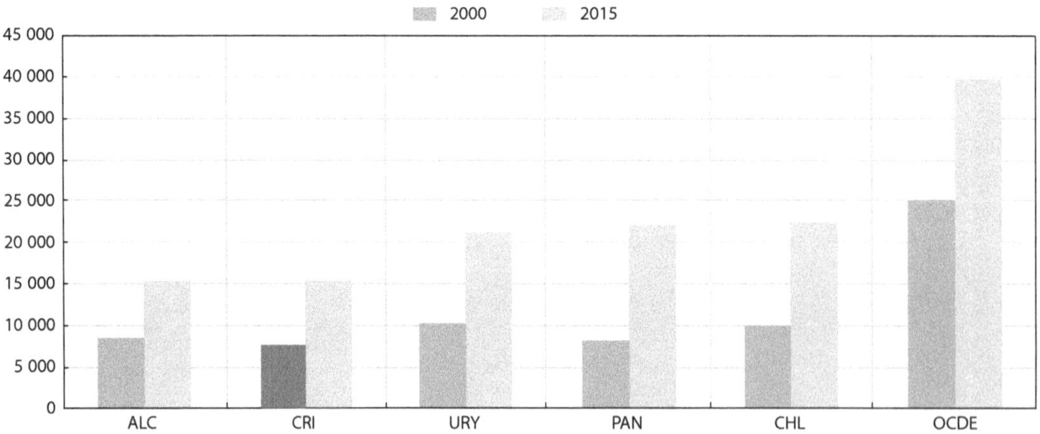

StatLink http://dx.doi.org/10.1787/888933545158

Fuente: Indicadores de desarrollo mundial.

También se han logrado avances en el campo de la protección medioambiental. Costa Rica es el único país de la región, y en realidad uno de los pocos del mundo, que ha conseguido revertir la deforestación. La nación costarricense es pionera, asimismo, en el desarrollo del ecoturismo, con repercusiones ciertamente positivas para los ingresos de los trabajadores locales (OCDE, 2016a).

El proceso de apertura al comercio y la inversión internacionales que se inició a principios de los años ochenta ha diversificado la estructura productiva del país, ha impulsado las exportaciones y ha fomentado la utilización de la fuerza laboral (OCDE, 2016a). La inversión extranjera directa (IED) desde empresas multinacionales contribuyó a la transición de una economía rural y de base agrícola a un modelo con industrias de alto valor agregado (Grupo del Banco Mundial, 2015).

EE. UU. es, con diferencia, el país inversionista más importante en Costa Rica. La tabla 1.1 muestra los datos sobre posiciones y entradas netas bilaterales de IED de los principales países inversionistas, entre ellos las grandes economías latinoamericanas y otros países con *stocks* de IED iguales o superiores a USD 190 millones en 2012. Las posiciones de IED procedentes de España casi se han duplicado en el curso de 2 años desde que entrara en vigor el tratado fiscal con Costa Rica en 2011, con lo que en 2012 se convirtió en el segundo país inversionista en importancia. Igualmente, se han obtenido *stocks* de IED considerables de inversionistas de México y del Reino Unido, aunque en los últimos años los flujos de entrada de IED de estos países se han estabilizado.

No obstante, han surgido varias vulnerabilidades en la economía. Aun cuando las empresas orientadas a la exportación son dinámicas e innovadoras, debido a la IED entrante y a vínculos bien desarrollados con las cadenas de valor globales, las empresas nacionales se

Tabla 1.1. **Posiciones y entradas de IED en Costa Rica por país inversionista (en millones de USD)**

	Posiciones de IED				Entradas netas de IED			
	2009	2010	2011	2012	2009	2010	2011	2012
Bélgica	217	220	231	247	12	0	0	12
Canadá	171	223	261	273	17	12	9	-10
Alemania	174	198	198	190	10	-2	59	118
Italia	51	50	113	233	27	14	30	32
Países Bajos	242	253	281	318	79	28	247	318
España	734	775	1 025	1 359	27	20	-30	12
Suiza	382	457	476	482	-32	68	5	-3
Reino Unido	877	906	877	902	33	49	42	8
Estados Unidos	7 885	9 050	10 347	11 513	1 022	1 031	1 376	1 051
Argentina	16	16	14	22	8	0	0	8
Brasil	17	12	26	119	-5	-6	8	92
Chile	14	17	18	13	3	2	2	-6
Colombia	127	230	363	481	6	101	152	112
México	416	464	616	973	0	0	0	0
Perú	2	5	8	14	9	15	34	142
Venezuela	171	189	209	356	7	40	183	346

Fuente: UNCTAD.

concentran todavía en actividades de escaso valor agregado y, a menudo, operan en sectores de la economía informal, que supone aproximadamente el 40% del empleo total (OCDE, 2016). Desde la crisis financiera, Costa Rica ha registrado también niveles rápidamente crecientes de déficit público y endeudamiento. Como consecuencia de estas vulnerabilidades, Moody's Investors Services en febrero de 2016 rebajó la calificación crediticia de Costa Rica al nivel Ba1 y en febrero de 2017 la redujo otro escalón, hasta el grado especulativo Ba2.

Será necesario un ambicioso programa de reformas que permita afrontar la llamada "trampa de la renta media". A pesar de su rendimiento favorable en términos de PIB per cápita a lo largo de la última década, Costa Rica ha permanecido en el grupo de los países de renta media-alta desde 2000, lo que subraya la necesidad de incrementar el crecimiento de la productividad para superar lo que se denomina la "trampa de la renta media". Al igual que sucede en otras economías emergentes, llegar a niveles de renta medios suele requerir nuevos motores para el crecimiento económico, basados en las industrias de fabricación con inversión intensiva de capital y de capacidades tecnológicas (OCDE/CEPAL/CAF, 2016). De manera similar a la de otras economías de América Latina, y siguiendo la experiencia de otros países que han pasado de una renta media a una renta elevada, Costa Rica necesitaría adoptar un programa integral que abarque un amplio espectro de áreas, entre ellas el aumento de ingresos fiscales, la mejora de la calidad de la educación y la mejora del acceso a los mercados financieros (Melguizo et al., 2017).

Costa Rica se enfrenta también a retos relacionados con la integración. Desde 2007 el desempleo ha aumentado de forma constante y actualmente es de aproximadamente el 10%, cifra superior al promedio tanto de la OCDE como de la región de ALC (figura 1.3). La economía costarricense se caracteriza por la presencia de un extenso sector de economía sumergida o informal. El empleo en el sector informal en adultos (de entre 35 y 64 años de edad) aumentó entre 2004 y 2014 del 23.8% al 25.8%, mientras que en la región de ALC se registró una disminución promedio del 47% al 38.3% en el mismo período (OCDE/CEPAL/CAF, 2016). El elevado grado de empleo en el sector informal repercute a aquellos con ingresos bajos y medios, del mismo modo que la escasez de empleos en el sector formal eleva la probabilidad de que la pérdida de un empleo en el sector formal derive en una caída en la pobreza (OCDE/CEPAL/CAF, 2016). Por otra parte, si bien

Figura 1.3. **Tasas de desempleo, comparación internacional**

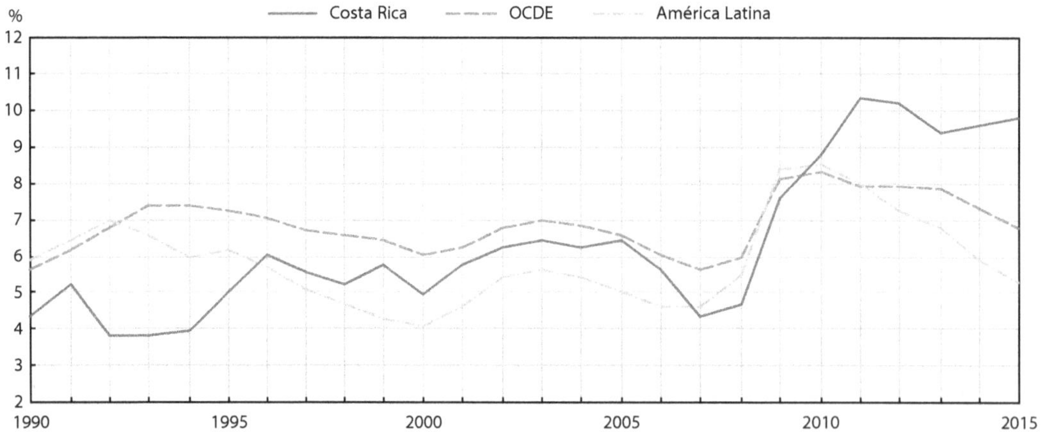

StatLink http://dx.doi.org/10.1787/888933545177

Nota: Los datos sobre desempleo en Costa Rica antes de 2010 proceden de la ENAHO y los referidos a años posteriores a 2010 corresponden a la Encuesta Continua de Empleo. Ambas series no son comparables.

Fuente: Estudios económicos de la OCDE. Evaluación económica de Costa Rica, 2016.

Costa Rica está bien situada entre los países de ALC en varias dimensiones sociales, la desigualdad se fue incrementando desde mediados de los años noventa hasta alcanzar valores elevados según los estándares de la OCDE. El aumento de la desigualdad contrasta vivamente con el registrado en otras muchas economías latinoamericanas (figura 1.4), en las que se observan avances notables en la reducción simultánea de la desigualdad y la pobreza (OCDE, 2016a).

Figura 1.4. **Evolución de la desigualdad en Costa Rica y en los países de ALC**

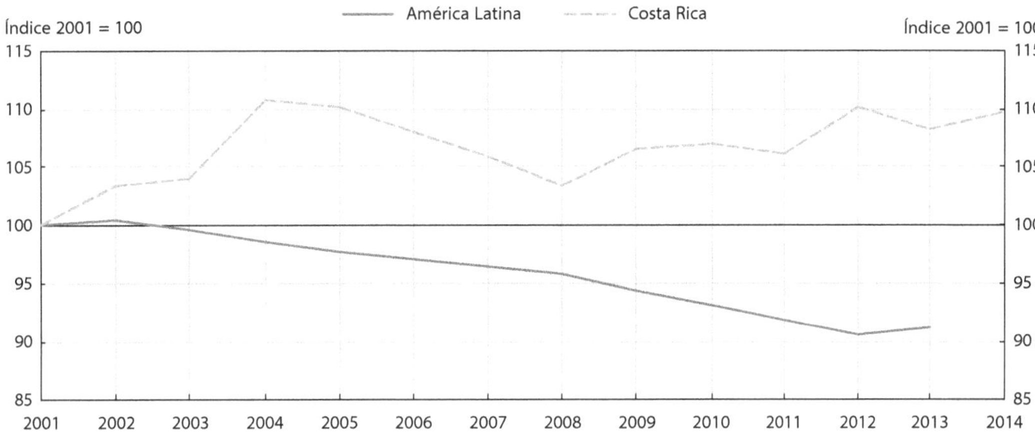

StatLink http://dx.doi.org/10.1787/888933545196

Nota: Los datos referidos a América Latina se refieren a un valor promedio simple y se han interpolado basándose en los datos publicados por CEPAL-CEPALSTAT, Base de datos de indicadores sociales y estadística. Los datos sobre Costa Rica proceden del informe Estado de la Nación. Estimación provisional para Costa Rica en 2015.

Fuente: Estudios económicos de la OCDE. Evaluación económica de Costa Rica, 2016.

Los déficits presupuestarios y la deuda pública han aumentado hasta niveles insostenibles

Los altos niveles de déficit han provocado un rápido aumento de la deuda pública que hace cada vez más difícil cubrirla con los ingresos tributarios actuales. El presupuesto del Gobierno central de Costa Rica pasó de un superávit del 0.57% del PIB en 2007 a un déficit del 5.2% en años recientes (Ministerio de Hacienda, 2017) (figura 1.5). La deuda pública se elevó de aproximadamente el 25% del PIB en 2008, a más del 40% en 2015 (OCDE, 2016a) (figura 1.6). El nivel de endeudamiento en Costa Rica es elevado en comparación con el promedio estimado en los países de ALC, donde en 2015 se situaba en torno al 36% (CEPAL, 2016). Por otra parte, el endeudamiento expresado como porcentaje de los ingresos públicos en Costa Rica alcanza niveles insostenibles y ha crecido más que en los demás países de la región. Entre 2010 y 2015, el ratio aumentó en 84 puntos porcentuales (figura 1.7). En Brasil, donde se produjo el segundo mayor incremento de la deuda como porcentaje de los ingresos públicos, la subida fue de unos 52 puntos porcentuales. En 2015, el nivel de endeudamiento en Costa Rica fue casi tres veces mayor que los ingresos anuales del Gobierno, lo cual posiciona a Costa Rica en el segundo puesto más alto de la región después de El Salvador.

Figura 1.5. **Equilibrio presupuestario expresado como porcentaje del PIB**

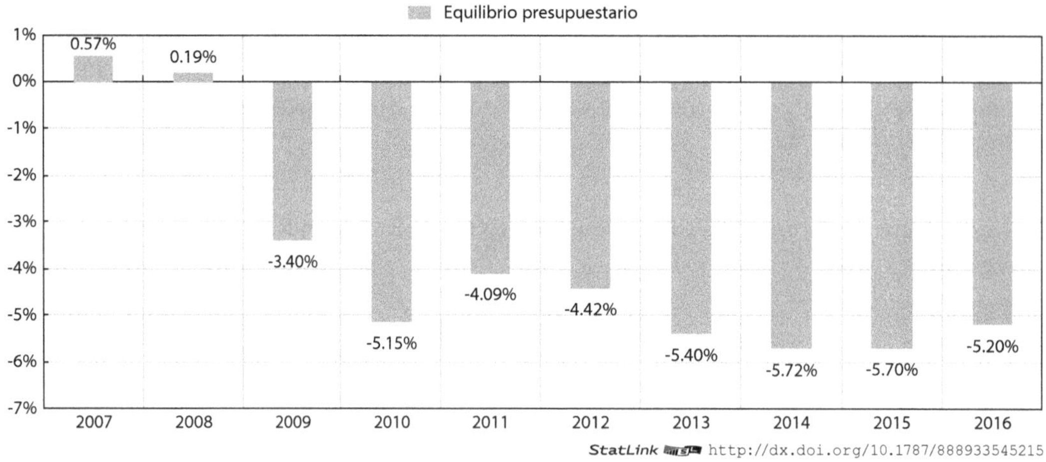

StatLink http://dx.doi.org/10.1787/888933545215

Fuente: Ministerio de Economía de Costa Rica, 2017.

Figura 1.6. **Deuda pública expresada como porcentaje del PIB**

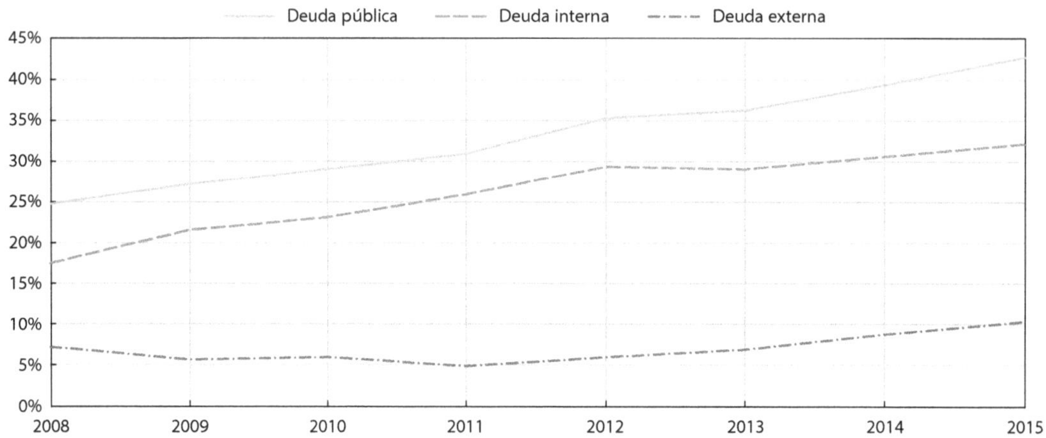

StatLink http://dx.doi.org/10.1787/888933545234

Fuente: Ministerio de Hacienda, 2017.

Figura 1.7. **Deuda pública expresada como porcentaje de los ingresos del Gobierno: Costa Rica y países de ALC**

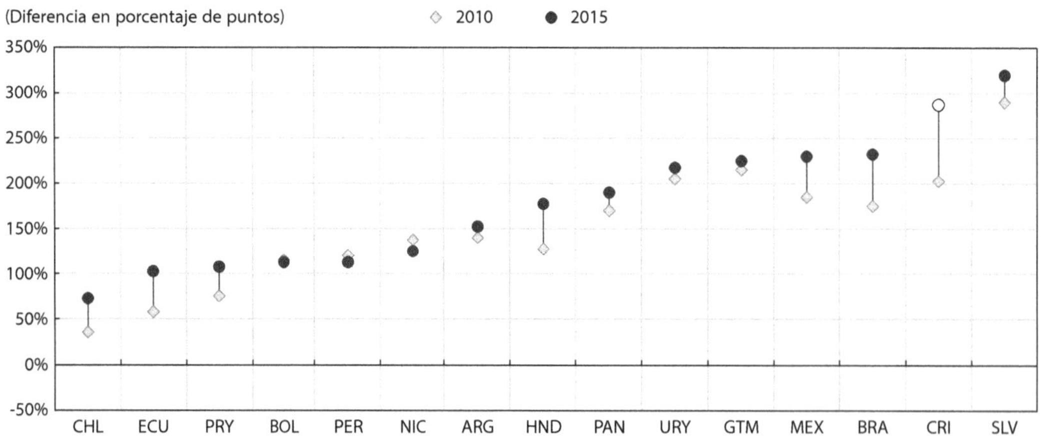

StatLink http://dx.doi.org/10.1787/888933545253

Fuente: Adelfang, "¿Tenemos las peores finanzas públicas de Latinoamérica?", *La República,* 2016.

El importante incremento de los gastos no ha sido igualado con un aumento de los ingresos fiscales. Los ingresos totales alcanzaron su máximo en 2008 con el 25.2% del PIB y se redujeron ligeramente en 2010 (23.7%) (OCDE, 2016b). Desde entonces se han mantenido constantes, en torno al 24% del PIB. Por otra parte, los gastos públicos aumentaron del 23.9% en 2008 al 30.7% en 2014 (OCDE, 2016a). Este incremento puede atribuirse principalmente a dos factores. Entre 2008 y 2013, el Gobierno incrementó los gastos globales a consecuencia del aumento de las remuneraciones en el sector público y de las transferencias a los programas sociales financiados por el sector público (figura 1.8).

Figura 1.8. **Composición del gasto (porcentaje del PIB a precios de mercado)**

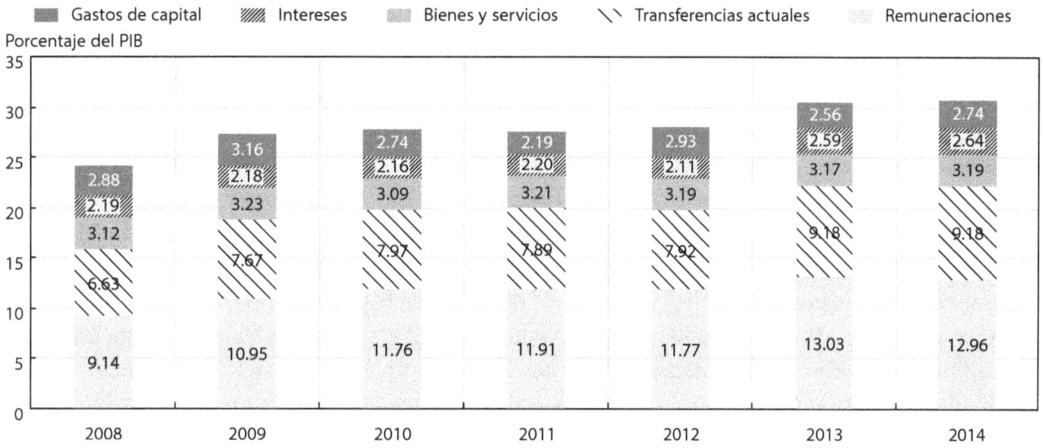

StatLink http://dx.doi.org/10.1787/888933545272

Fuente: Estudios económicos de la OCDE. Evaluación económica de Costa Rica, 2016.

Serán necesarias medidas fiscales para reducir el déficit público. Si no se aborda convenientemente, el déficit fiscal de Costa Rica podría ser insostenible, y la deuda pública, alcanzar unos valores críticos que pondrían en riesgo el crecimiento del país (figura 1.9). Para equilibrar el presupuesto, Costa Rica debe obtener nuevos ingresos y, al mismo tiempo, controlar el gasto público.

Figura 1.9. **Endeudamiento del Gobierno expresado como porcentaje del PIB**

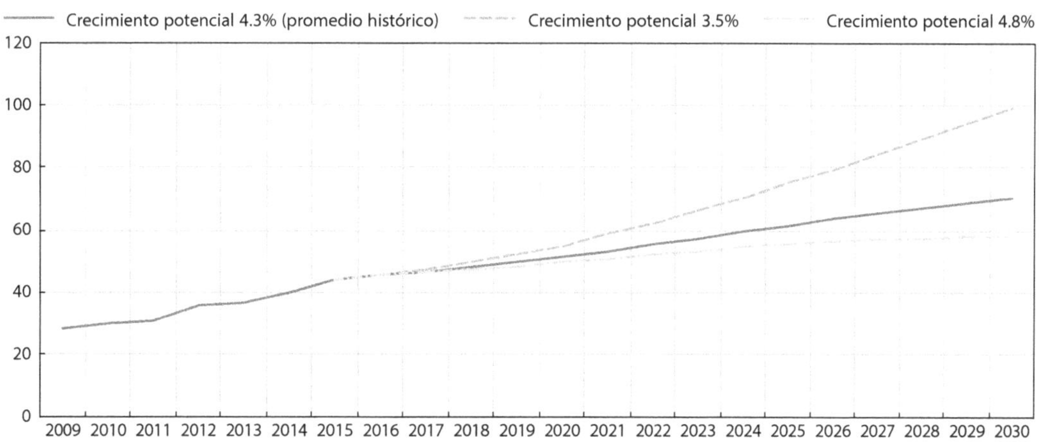

StatLink http://dx.doi.org/10.1787/888933545291

Nota: Todas las estimaciones suponen un multiplicador fiscal de 0.3 (FMI, 2015) y unos gastos que crecen al mismo ritmo que el PIB nominal.

Fuente: Estudios económicos de la OCDE. Evaluación económica de Costa Rica, 2016.

La destinación específica de los ingresos fiscales se ha vuelto disfuncional

La destinación específica de los ingresos fiscales en Costa Rica limita sustancialmente el poder discrecional del Gobierno. Costa Rica garantiza el financiamiento de la mayor parte de los programas y de las instituciones públicas a través de la destinación específica de los ingresos fiscales; un porcentaje fijo del recaudo fiscal es destinado de manera prestablecida, así, el recaudo correspondiente se asigna al financiamiento de los programas y las instituciones tal como se ha previsto. Por ejemplo, el 8% de los ingresos fiscales totales se dedica al Ministerio de Educación Pública, y el 6%, a la rama judicial. En 2014, por ejemplo, en torno al 70% de los gastos del Gobierno central se establecían por mandato constitucional y otras disposiciones legales. Considerando el pago de los intereses, el Gobierno dispone únicamente del 17% del presupuesto para medidas de gasto discrecionales (OCDE, 2016a).

Aunque la destinación específica de los ingresos fiscales garantiza un financiamiento sólido de los gastos del Gobierno, produce distorsiones en la distribución de los fondos públicos, de lo que se derivan situaciones de exceso y falta de financiamiento de los programas gubernamentales y grandes dificultades para equilibrar el presupuesto. En los países que afrontan problemas de gobernanza, cierto grado de afectación de los ingresos fiscales puede garantizar una fuente de financiación estable de las principales partidas de gastos, como el sistema educativo. Además, la destinación específica favorece la transparencia del Gobierno y la confianza de los contribuyentes en él y, en última instancia, los incentiva en el cumplimiento de sus obligaciones tributarias. No obstante, limita la flexibilidad del Ejecutivo en la administración de los fondos públicos. Cualquier incremento de los ingresos fiscales se traduce en mayores transferencias a los programas preestablecidos, con independencia de que necesiten o no financiamiento adicional, y no existen procedimientos para que las entidades con exceso de presupuesto devuelvan el excedente al Gobierno central. De este modo, la destinación específica de los recursos fomenta un gasto excesivo en los objetivos predefinidos. Además, también puede ser origen de un financiamiento insuficiente de otros programas sociales y de inversiones públicas, en caso de que los montos hayan sido ya distribuidos para otros fines. Por último, la destinación específica dificulta extraordinariamente el equilibrio del presupuesto. Por ejemplo, para cubrir un déficit presupuestario del 5% del PIB, sería necesario elevar de forma importante los ingresos fiscales, dado que parte de los ingresos adicionales se destinarían automáticamente a los objetivos especificados.

El nivel de los ingresos fiscales es similar al promedio de ALC, pero existen diferencias importantes en la combinación de impuestos

Costa Rica obtiene una cantidad de ingresos fiscales como porcentaje del PIB similar al promedio de los países en la región de ALC. Los ingresos fiscales en Costa Rica aumentaron 2.4 puntos porcentuales del PIB en la última década, del 20.1% del PIB en 2005 al 23.1% del PIB en 2015 (OCDE/CEPAL/CIAT/BID, 2017). Este incremento es superior que el incremento promedio de los países de la región de ALC, en la que los ingresos fiscales subieron 1.9 puntos porcentuales del 20.9% en 2006 al 22.8% del PIB en 2015 (OCDE/CEPAL/CIAT/BID, 2017). Los ingresos totales netos de contribuciones al sistema de seguridad social (CSS) en Costa Rica crecieron tan solo 0.6 puntos porcentuales del PIB, del 14.7% en 2006 al 15.3% en 2015. Este aumento fue notablemente menor que la media de los países de la región de ALC (sin Costa Rica), donde dichos ingresos netos de CSS incrementaron 1 punto porcentual del PIB, del 18.1% en 2006 al 19.1% en 2015 (OCDE/CEPAL/CIAT/BID, 2017). Pese a situarse ligeramente por encima de la media de los países de la región de ALC, la proporción entre ingresos tributarios y PIB en Costa Rica sigue siendo baja en comparación con la de los Estados miembros de la OCDE (figuras 1.10 y 1.11).

Figura 1.10. **Relación de ingresos tributarios y el PIB en Costa Rica, países de la OCDE y países de ALC**

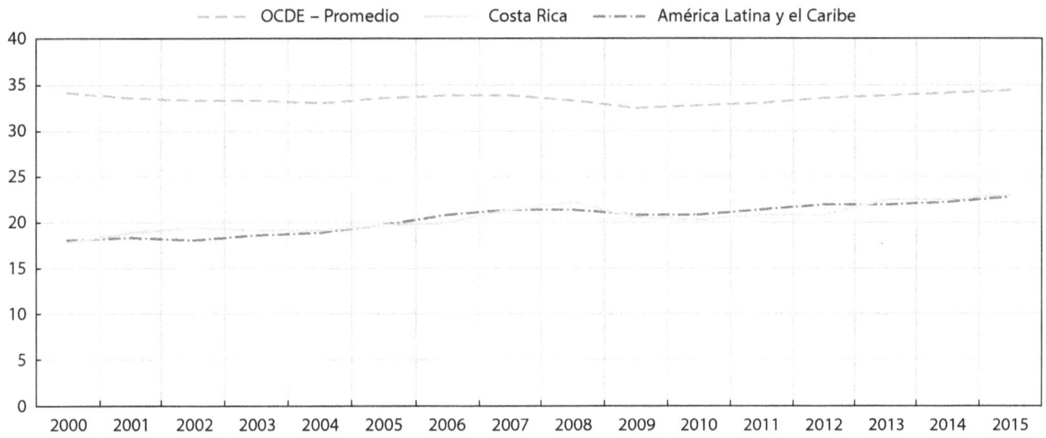

StatLink http://dx.doi.org/10.1787/888933545310

Fuente: Base de datos estadísticos de ingresos de la OCDE.

Figura 1.11. **Relación de ingresos tributarios y el PIB en la región de ALC por países (2015)**

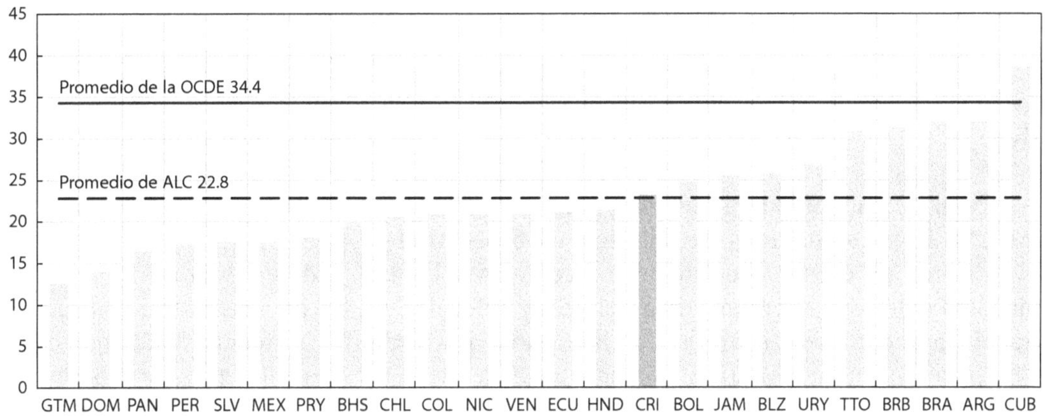

StatLink http://dx.doi.org/10.1787/888933545329

Fuente: Estadísticas tributarias en América Latina y el Caribe, 2016.

La combinación de impuestos de Costa Rica presenta cierto sesgo hacia las CSS. Costa Rica recauda más ingresos de las CSS y menos de los impuestos sobre la renta que el promedio de los países de la región de ALC y la OCDE (figura 1.12). En 2014, dichas CSS sumaron el 34% de los ingresos totales fiscales en Costa Rica, frente al 15.9%, aproximadamente, en el conjunto de ALC y al 26.2% en la OCDE. Además, Costa Rica recauda impuestos sobre los salarios, que elevan aún más la carga tributaria en la renta del trabajo, mientras que esta categoría tiene muy poca importancia en promedio como fuente de ingreso en la región de ALC y la OCDE. Los impuestos sobre bienes y servicios, incluidos el impuesto al valor agregado (IVA) y los relacionados con el medio ambiente, suponen el 40.3% de los ingresos fiscales totales costarricenses, por debajo de la cuota de la región de ALC, situada en torno al 49% de dichos ingresos. La recaudación por el impuesto sobre la renta de las personas físicas (IRPF) y el impuesto sobre la renta de las empresas (IS) supuso solo el 18.2% de los ingresos totales, un valor inferior al promedio de la región de ALC, del 28.3%, y mucho menor que el promedio de la OCDE, con el 33.7%.

Finalmente, los impuestos sobre bienes inmuebles supusieron un porcentaje muy reducido de los ingresos fiscales totales, 1.9%, casi la mitad del promedio de los países de la región de ALC y solo la tercera parte del promedio de la OCDE.

Figura 1.12. **Estructura impositiva expresada como porcentaje de los ingresos totales (2014)**

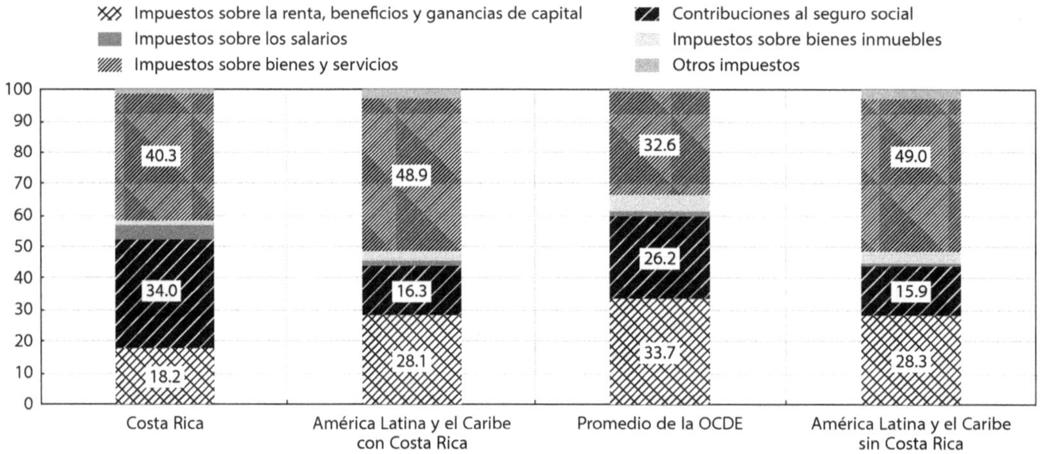

StatLink http://dx.doi.org/10.1787/888933545348

Fuente: Estadísticas tributarias en América Latina y el Caribe (OCDE, 2017).

Una reforma tributaria estructural reequilibraría la combinación de la estructura impositiva

Costa Rica obtendría un beneficio si trasladara su estructura impositiva de las CSS hacia otros tipos de tributos, en especial el IVA. Las elevadas CSS generan distorsiones en el mercado laboral e incentivan a los trabajadores, sobre todo a los de menores ingresos, a permanecer en el sector informal y a los empleadores a contratar a trabajadores en el sector informal de la economía (v. capítulo 3). Además, dado que estas CSS se recaudan en tasas fijas, no contribuyen a que el sistema tributario sea progresivo. En resumen, si se recaudan más ingresos del IRPF, se amplía la base sobre la que se calcula el IS y se rebajan las CSS, se contribuirá a conseguir un sistema tributario más eficaz y progresivo. Sería posible aumentar los ingresos fiscales si se convirtiera el impuesto general sobre las ventas en un IVA genuino (v. capítulo 4). Además, aún queda espacio para incrementar los ingresos provenientes de los impuestos sobre bienes inmuebles y del continuo esfuerzo por hacer el sistema tributario más verde recaudando más ingresos por concepto de impuestos que gravan el uso de energía y vehículos (v. capítulo 5).

La ampliación de las bases gravables será fundamental para aumentar los ingresos. Las bases gravables de Costa Rica son estrechas. El monto de los gastos tributarios en el país es muy elevado y va acompañado de un alto costo fiscal, sobre todo en la recaudación de los IS e IRPF, y el IVA. En 2014, los gastos fiscales totales sumaron el 5.1% del PIB: el 2.9% para el IVA, el 1.9% para el IS y el IRPF y el 0.3% para otros impuestos (Ministerio de Hacienda, 2014). Estos porcentajes se han mantenido relativamente estables desde 2010 (figura 1.13). Además de su costo fiscal, los gastos tributarios generan distorsiones entre los distintos tipos de contribuyentes, dificultan la administración del sistema tributario, elevan los costos de cumplimiento y propician que el sistema sea menos equitativo, ya que a menudo los contribuyentes con mejor situación económica se benefician más de él que las unidades familiares de menor poder adquisitivo.

Figura 1.13. **Gastos tributarios expresados como porcentaje del PIB**

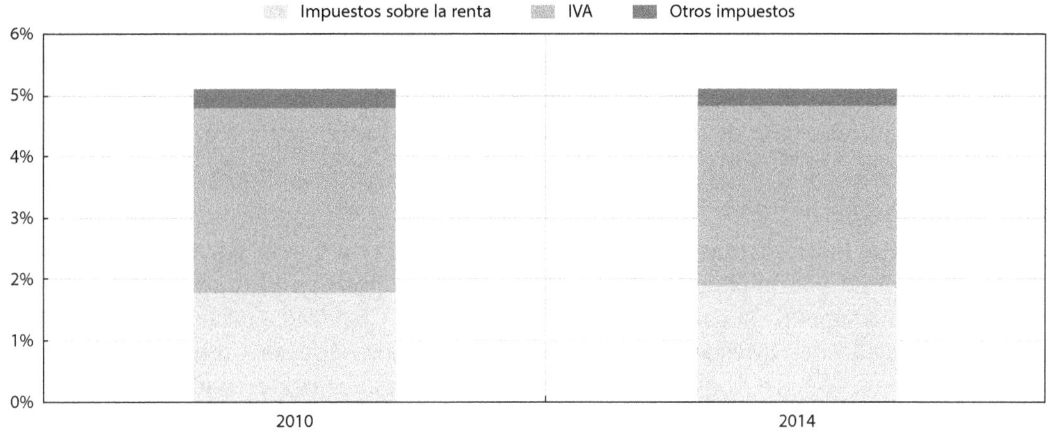

StatLink http://dx.doi.org/10.1787/888933545367

Fuente: Ministerio de Hacienda, 2014.

Las reformas tributarias futuras deben centrarse en mejorar la equidad y en favorecer la protección del medio ambiente

El sistema fiscal de Costa Rica no contribuye, en gran medida, a la reducción de la desigualdad en los ingresos. En general, en los países de la OCDE los impuestos desempeñan un papel destacado en la redistribución de los ingresos y en la reducción de las diferencias existentes en la población como consecuencia de su poder adquisitivo. Sin embargo, en Costa Rica el sistema impositivo no contribuye mucho a redistribuir los ingresos entre los hogares con rentas más elevadas y más bajas, tal como lo revela la mínima diferencia que se aprecia entre los coeficientes de Gini antes y después de aplicar los impuestos y realizar las transferencias (figura 1.14). El hecho de que, en Costa Rica, el IRPF desempeñe un papel limitado explica, en parte, este resultado (v. capítulo 3).

Figura 1.14. **Comparación internacional de la desigualdad**

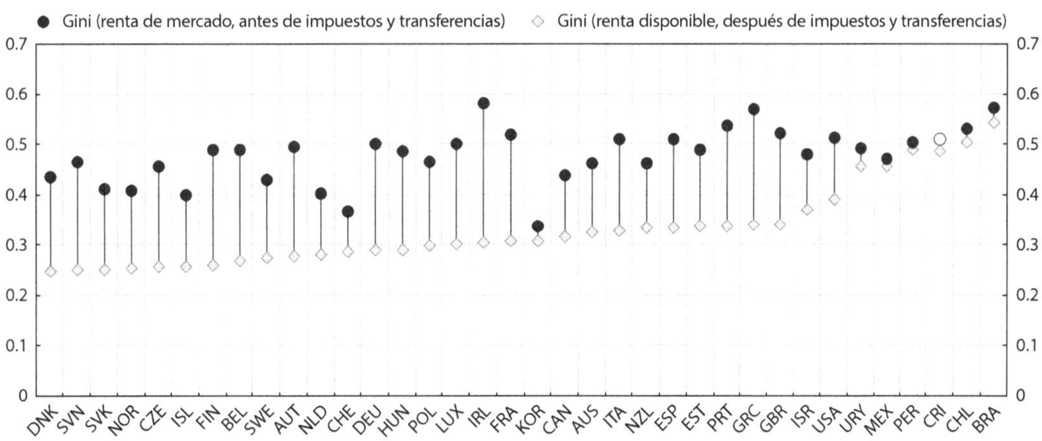

StatLink http://dx.doi.org/10.1787/888933545386

Nota: Estimaciones provisionales para Costa Rica en 2015. Los datos referidos a Uruguay, Perú y Brasil se basan en valores per cápita, mientras que los relativos a los países de la OCDE y Costa Rica se basan en valores equivalentes de renta.

Fuente: Estudios económicos de la OCDE. Evaluación económica de Costa Rica, 2016.

La división por tramos del sistema tributario de Costa Rica viola los principios de equidad fiscal y reduce la equidad del sistema. El sistema fiscal grava de modo distinto las diferentes clases de renta personal; así sucede especialmente con los ingresos del empleo y los ingresos empresariales de las personas físicas (v. capítulo 3). Esta realidad infringe el principio de equidad fiscal horizontal, ya que los contribuyentes que obtienen los mismos ingresos pero de distintas fuentes son gravados de manera diferente; también incumple la equidad fiscal vertical, dado que una renta elevada no paga necesariamente más impuestos que una más baja.

Por último, las reformas tributarias pueden ayudar a Costa Rica a alcanzar sus ambiciosos objetivos nacionales relacionados con la política climática y del medio ambiente. En comparación con otros países de la OCDE, Costa Rica recauda un porcentaje relativamente alto de ingresos en relación con su PIB por impuestos relacionados con el medio ambiente. Aun así, todavía queda margen para mejorar la efectividad de la política fiscal, al mismo tiempo que se incrementan los ingresos. Por ejemplo, podrían ajustarse las tarifas del impuesto sobre los combustibles para reflejar mejor el costo externo asociado al consumo de dichos carburantes, así como reformular las tasas sobre circulación de vehículos con el fin de combatir la contaminación del aire y las congestiones de tráfico. No obstante, más allá de los impuestos relacionados con el medio ambiente, es posible alinear la política fiscal con los objetivos de las políticas climáticas y de medio ambiente. En concreto, las exenciones fiscales a las ventas e importaciones que se aplican a los productos sujetos al impuesto sobre los combustibles se traducen, en la práctica, en un trato preferente en comparación con otros productos, por lo que tal planteamiento podría reconsiderarse.

Es preciso intensificar los esfuerzos en la lucha contra la evasión fiscal

La evasión fiscal en Costa Rica es generalizada. Los ingresos fiscales que se pierden a consecuencia de la evasión fiscal son muy elevados, en particular en el ámbito de las empresas (tabla 1.2); un estudio de Bachas y Soto (2016) revela que las empresas costarricenses evaden hasta el 70% de sus obligaciones fiscales cuando enfrentan una tasa del 30% del IS. El incumplimiento relativo al impuesto sobre las ventas es otro aspecto fundamental del problema (v. capítulo 4). Dados los elevadísimos déficits fiscales, abordar estos niveles tan altos de elusión y evasión de impuestos resulta de gran importancia y debe considerarse prioritario en cualquier reforma tributaria que se plantee.

Tabla 1.2. **Estimaciones sobre elusión y evasión de impuestos expresadas como porcentaje del PIB**

	2010	2011	2012	2013
Total	8.21	7.98	7.82	8.22
Impuesto sobre las ventas (incluye el efecto de las tasas reducidas)*	2.36	2.30	2.31	2.36
Impuesto sobre la renta	5.85	5.68	5.51	5.86
Empleados	*0.18*	*0.19*	*0.10*	*0.23*
Trabajadores autónomos/independientes	*1.34*	*1.30*	*1.34*	*1.40*
Empresas	*4.33*	*4.18*	*4.06*	*4.23*

* Las estimaciones sobre elusión fiscal agregada (proporcionadas por el Ministerio de Hacienda de Costa Rica) incluye los ingresos no percibidos como consecuencia de la reducción de las tarifas impositivas sobre las ventas, que en la OCDE no se consideran "elusión fiscal".

Fuente: Dirección General de Hacienda, Estadísticas Fiscales, División de Política Fiscal, 2015.

La alta carga tributaria es uno de los principales impulsores de la economía informal en Costa Rica. El Fondo Monetario Internacional (FMI) ha estimado que la dimensión de la economía no regularizada en el país se situaba en los primeros años del siglo XXI aproximadamente en el 42% del PIB, por encima del promedio de la región de ALC, que era del 38% del PIB para el mismo período (FMI, 2008). En 2012, el sector informal era menor en Costa Rica que en otros países de la región de ALC, pero aún se consideraba alto para los estándares de la OCDE. A diferencia de lo sucedido en muchos países de ALC, la actividad económica informal se ha incrementado con rapidez hasta superar el 45% del empleo total (OCDE, 2016). Las causas que se aducen son diversas y complejas, aunque en parte proceden de una cultura muy laxa en cuanto al cumplimiento de responsabilidades fiscales y a una administración tributaria débil (Oviedo, 2009). Estudios previos del FMI revelaron que la rigidez del mercado de trabajo y la elevada carga tributaria eran los factores de mayor peso en este contexto. Por otra parte, la importancia del sector agrícola en la economía y el impacto de la inflación se situaban entre los principales impulsores del sector informal en Costa Rica (FMI, 2008).

Atraer a un mayor número de contribuyentes a la economía formal debe ser una prioridad clave. Dadas las dimensiones del sector informal, la carga tributaria en Costa Rica está soportada por un reducido número de contribuyentes. Esta situación impone un límite a la cantidad de ingresos fiscales que pueden recaudarse. Además, crea distorsiones entre los sectores formal e informal y limita el impacto del sistema tributario en su objetivo de reducir la desigualdad. El elevado peso de la economía informal suele redundar en mayores tarifas de impuestos aplicadas a los contribuyentes, lo cual conduce a mayores pérdidas de eficacia.

Garantizar que todas las entidades e instrumentos jurídicos se registren ante la administración tributaria, que presenten declaraciones del impuesto sobre la renta y que cumplan con las obligaciontes del sistema tributario general ayudará a combatir la elusión y la evasión de impuestos. En Costa Rica, las sociedades que no desarrollan una actividad productiva se denominan "empresas inactivas". Antes de 2017, a estas entidades no se les exigía siempre que se registraran como tales en la administración tributaria ni que cumplieran con la normativa del sistema fiscal. Por otra parte, la propiedad de las acciones de estas compañías se anotaba únicamente en los libros de la entidad, los detalles estaban frecuentemente desactualizados y la administración tributaria carecía de información sobre los propietarios y los beneficiarios efectivos de tales sociedades. Las empresas inactivas pueden ser utilizadas como vehículos para ocultar activos, con fines fiscales o de otra índole. Costa Rica promulgó una ley a través de la cual se le exige a todas las entidades e instrumentos jurídicos mantener registros de la información sobre sus beneficiarios efectivos, y que todas las entidades se registren ante la administración tributaria y cumplan con el pago de algún tipo de impuesto. Estos cambios legales representan una significativa mejora para el país en lo que se refiere a la reducción del riesgo de elusión y evasión fiscal, tanto a nivel nacional como global. Sin embargo, sería imprescindible que Costa Rica se asegure de que tales medidas resultan satisfactorias a largo plazo, aplicando programas de supervisión eficaces que penalicen de manera adecuada la falta de cumplimiento.

Las actuales reformas orientadas a la reducción de la elusión y la evasión fiscal constituyen un importante paso en la dirección correcta. El Congreso de Costa Rica aprobó dos leyes destinadas a reducir la elusión y la evasión fiscal: la "Ley contra el fraude fiscal" y la "Ley de entidades jurídicas". La primera establece obligaciones relacionadas con la revelación de información que permitan a la administración obtener datos sobre los accionistas y los beneficiarios efectivos de una entidad. La segunda establece un nuevo impuesto a cargo de las entidades jurídicas y filiales nacionales registradas en el

Registro Nacional. Las entidades que no abonen el monto de dicho impuesto durante 3 años consecutivos serán liquidadas de forma automática.

Las administraciones tributaria y del sistema de seguridad social deben reforzar su cooperación para combatir la evasión de impuestos. La recaudación, la administración y la fiscalización de los ingresos por CSS corresponden a la Caja Costarricense de Seguridad Social (CCSS), mientras que los impuestos nacionales son recaudados, administrados y fiscalizados por el Ministerio de Hacienda. Fortalecer la cooperación –posiblemente la integración de las administraciones fiscal y del sistema de seguridad social– incluyendo el intercambio de información entre las dos adminsitraciones, podría reducir la evasión, ya que las empresas suelen subestimar sus costos laborales ante la CCSS y sobrevalorar estos datos al presentarlos en sus declaraciones de impuestos ante la administración tributaria.

Deben realizarse esfuerzos para modernizar la administración tributaria mediante la computarización, las valoraciones del cumplimiento basadas en riesgos, y el aumento en el número de empleados en la administración tributaria y la formación de estos. Debe implantarse un sistema que favorezca la resolución rápida y transparente de las discrepancias. Aún queda un margen considerable para extender el uso de las tecnologías de la información (TI), a fin de optimizar la recaudación de impuestos. En los países de la OCDE, un aumento del gasto en TI se asocia a una mejora de los indicadores de rendimiento, como la presentación electrónica de declaraciones, el pago electrónico y la reducción de los costos de recaudación tributaria (OCDE, 2015).

La administración tributaria debe reforzar su capacidad de fiscalización. Los cálculos realizados por el Banco Interamericano de Desarrollo (BID) muestran que en 2010 solo el 0.3% de los contribuyentes registrados en Costa Rica fueron auditados al año y únicamente el 0.1% de ellos se sometieron a una auditoría en profundidad, frente a un promedio regional del 2.8 y el 0.2%, respectivamente (BID, 2013).

Normas tributarias internacionales más sólidas y una reforma de la política fiscal deben ir de la mano de la introducción de medidas que fortalezcan la administración fiscal. A medida que el país introduzca reformas significativas de política fiscal, adopte las medidas de la OCDE/G20 sobre la erosión de la base imponible y el traslado de beneficios e introduzca cambios adicionales en su normativa fiscal internacional, será necesaria una administración tributaria más eficiente y capaz de aplicar estas nuevas reglas, así como de garantizar que la carga tributaria se distribuya equitativamente entre todos los contribuyentes. Estas medidas también exigirán, asimismo, la implementación de regímenes de penalización eficaces, de manera que los contribuyentes que cumplen con sus obligaciones y los que no lo hacen se desempeñen en igualdad de condiciones.

La reforma tributaria debe ir acompañada de una reforma institucional

Las reformas deben limitar el grado de la destinación específica de los ingresos, sin que la disponibilidad y la calidad de los servicios públicos se reduzcan. Aunque, como se ha indicado previamente, cierto grado de destinación específica implica algunas ventajas, la destinación específica de los ingresos fiscales se ha convertido en una estrategia dominante que pone en riesgo el buen funcionamiento del Gobierno en Costa Rica. El Ejecutivo debe revisar sus normas de destinación específica de ingresos y aplicar estrategias de gobernanza diferentes que garanticen que los gastos públicos reciben el financiamiento apropiado. Dicha reforma permitiría al Gobierno recuperar su poder discrecional en la gestión de las finanzas públicas, a la vez que mantendría la cobertura social y la calidad de los servicios públicos. Aunque se reconoce la dificultad asociada a una reforma tan significativa, en especial considerando que requiere una enmienda constitucional, se trata ciertamente de una modificación importante y necesaria si Costa Rica desea consolidarse en un camino de sostenibilidad fiscal en el largo plazo.

El IRPF y el sistema de CSS deben integrarse. Los fondos de las CSS pueden establecer sus propias tarifas con el fin de equilibrar sus presupuestos, y las CSS a cargo de los empleados no son deducibles de la base gravable del IRPF. La falta de integración entre los dos sistemas provoca tasas muy elevadas de CSS, y por lo tanto una alta carga impositiva al trabajo, que distorsionan sustancialmente el mercado laboral. El uso de las CSS para financiar programas distintos a los propios del sistema de seguridad social (p. ej., financiamiento de los bancos públicos) eleva aún más los costos no salariales y, a su vez, crea mayores desincentivos fiscales afectando a los empleados en su posible incorporación a la economía formal, y a los empleadores en la creación de nuevos empleos formales.

En la reforma debe incluirse una valoración de mercado en todo el país de los bienes inmuebles. Elaborar y mantener el catastro fiscal es responsabilidad del Gobierno central, y valorar los bienes inmuebles corresponde a los gobiernos locales. La consonancia entre esta valoración de los inmuebles y las reglas definidas por el Gobierno central es diversa en las distintas zonas del país. El Ejecutivo debe ofrecer su apoyo a los gobiernos locales que carecen de la capacidad de valorar las propiedades. Para evitar la competencia desleal, el Gobierno central ha de garantizar, asimismo, que todos los gobiernos locales apliquen los mismos criterios de valoración.

Una reforma del federalismo fiscal llevaría a replantear las relaciones financieras entre el Gobierno central y los gobiernos locales. Según establece la Constitución, las municipalidades de Costa Rica son autónomas (Romero-Pérez, 2004). Por una parte, los gobiernos locales están autorizados a gastar los ingresos que recaudan, pero no reciben transferencias sustanciales del Gobierno central. Este principio resulta más ventajoso para las municipalidades y las ciudades grandes y más ricas que para las pequeñas y menos ricas, con lo que se generan diferencias en la calidad de los servicios públicos ofrecidos por los distintos gobiernos locales. Con el tiempo, será preciso abordar el problema de la ausencia de un mecanismo de equiparación fiscal que garantice un desarrollo económico similar en todas las regiones del país.

Visión general de los planes de reformas tributarias

Costa Rica ha estado intentando introducir importantes reformas tributarias, pero el proceso legislativo para adoptar las leyes sobre el impuesto sobre la renta y el IVA ha quedado en suspenso. Las dos últimas reformas que se presentaron ante la Asamblea Legislativa fueron declaradas inconstitucionales por la Sala Constitucional (recuadro 1.1).

El actual Gobierno ha situado entre sus objetivos la reforma tributaria. El actual Gobierno de Costa Rica ha presentado ante la Asamblea Legislativa 10 proyectos de ley relacionados con impuestos. A diferencia del enfoque aplicado por las administraciones anteriores, la actual ha optado por incluir cada reforma individual en un proyecto separado. Algunas de las reformas tributarias están aún pendientes de aprobación como la relacionada con el IRPF, IS e impuesto sobre las ventas. En la tabla 1.3 se presentan los elementos más importantes de las reformas del IRPF, IS y del IVA.

Recuadro 1.1. Reformas tributarias recientes en Costa Rica

Desde 1978, todos los gobiernos han presentado proyectos de ley de reformas tributarias ante la Asamblea Legislativa. Aun cuando se llevaron a cabo algunas reformas menores, únicamente tres administraciones pudieron introducir modificaciones importantes en el sistema tributario: en 1982, en el impuesto sobre las ventas; en 1988, en el impuesto sobre la renta, y entre 1995 y 1997, en los procedimientos fiscales. En varias ocasiones durante los últimos 12 años, Costa Rica ha intentado reformar, sin éxito, sus IRPF, IS y sobre las ventas.

Durante la administración del presidente Abel Pacheco de la Espriella (2002-2006), el Gobierno presentó ante la Asamblea Legislativa un único proyecto de ley. Éste perseguía transformar el impuesto sobre las ventas en un IVA regular y sustituir los tramos del impuesto sobre la renta por un impuesto global. Técnicamente, la ley era muy compleja y ambiciosa. La Asamblea Legislativa creó una comisión especial para su discusión. La reforma fue aprobada en un primer debate. Estaba pendiente una segunda sesión de debate en la Asamblea, cuando la Sala Constitucional la declaró inconstitucional.

Cuatro años más tarde, durante la presidencia de Laura Chinchilla Miranda (2010-2014), se introdujo en la agenda política una nueva e importante reforma tributaria. El Gobierno volvió a presentar un único proyecto de ley que incluía modificaciones de los regímenes de los impuestos sobre las ventas, IRPF e IS ; las modificaciones pretendían transformar el impuesto sobre las ventas en un IVA regular y sustituir el impuesto sobre la renta dividido en tramos por un modelo dual. La administración llegó a un acuerdo con los partidos políticos de la Asamblea Legislativa, y la ley fue aprobada durante una primera sesión. Sin embargo, la Sala Constitucional declaró que el procedimiento legislativo que se había seguido no había sido constitucional, por lo que el proyecto de reforma se interrumpió nuevamente.

Tabla 1.3. Principales reformas de política fiscal presentadas ante la Asamblea Legislativa

Tema del Proyecto de ley	Detalles de mayor interés	Situación de la reforma
Impuesto sobre la renta de las personas físicas y las empresas	• Fija tarifas reducidas del IS del 10, 15, 20 o 25%. • Incluye ingresos pasivos de fuentes extranjeras por actividades no rentables dentro de la base gravable del impuesto sobre la renta. • Modifica y establece nuevos límites a los gastos deducibles de las empresas. • Introduce un límite para la deducibilidad de intereses netos igual al 20% del EBITDA. • Permite la compensación en ejercicios posteriores de las pérdidas fiscales en un plazo de 3 años. • Incluye modificaciones a los procedimientos, como el cambio del año fiscal al calendario. • Eleva la tarifa máxima del IRPF con inclusión de una tarifa y un tramo adicionales.	Presentada Pendiente de dos debates
Impuesto sobre las ventas	• Considera una ampliación importante de la base impositiva para incluir todos los servicios, con objeto de convertir el impuesto sobre las ventas en un IVA genuino. • Establece una limitación importante de los bienes básicos exentos de IVA. • Introduce una nueva tarifa reducida de IVA del 4% en los insumos de algunos bienes y servicios antes exentos. • Retira la devolución del pago del IVA sobre los insumos para producir bienes y servicios exentos. • Introduce un sistema innovador de transferencia de efectivo para compensar a las unidades familiares situadas en los cuatro deciles inferiores de renta. • El borrador de ley del IVA exigirá a las empresas emisoras de tarjetas de crédito y débito que carguen este impuesto en las compras transfronterizas de bienes, intangibles y servicios.	Presentada Pendiente de dos debates
Vehículos de bajo consumo de combustibles fósiles	• Contempla amplias exenciones fiscales para vehículos eléctricos.	

A partir de este análisis pueden deducirse las siguientes recomendaciones en relación con la política fiscal:

Recomendaciones

- Equilibrar el presupuesto mediante una reforma tributaria y el control del gasto.
- Aumentar los ingresos fiscales y reequilibrar gradualmente la combinación de impuestos cuando se recupere el equilibrio presupuestario.
- Eliminar la excesiva destinación específica de los ingresos fiscales.
- Integrar los sistemas de administración tributaria y de contribuciones al sistema de seguridad social desde la perspectiva de la política fiscal, administrativa y de auditoría.
- Ampliar las bases impositivas de los principales impuestos, como el IVA y los impuestos sobre la renta de las personas físicas y las empresas.
- Reforzar el papel del sistema tributario y de transferencias para reducir la desigualdad.
- Fortalecer la lucha contra la evasión de impuestos y evitar que el sistema tributario genere incentivos para permanecer en la economía informal.
- Replantear las relaciones de federalismo fiscal entre el Gobierno central y los gobiernos locales.
- Modernizar la administración tributaria. Utilizar más ampliamente las herramientas de las tecnologías de la información (TI) para mejorar la recaudación de impuestos y las auditorías fiscales.

Bibliografía

Adelfang, J. (2016), "¿Tenemos las peores finanzas públicas de Latinoamérica?", *La República*, octubre 10, 2016, págs. 10-11.

Arenas de Mesa, A. (2016), "Sostenibilidad fiscal y reformas tributarias en América Latina", Comisión Económica para América Latina y el Caribe, Santiago, http://repositorio.cepal.org/bitstream/handle/11362/40624/1/S1600733_es.pdf.

Bachas, P. y M. Soto (2016), "Not (ch) your average tax system: corporate taxation under weak enforcement", Working Paper, https://www8.gsb.columbia.edu/faculty-research/sites/faculty-research/files/finance/Applied%20Microeconomics/Fall%202016/Corporate_tax_elasticity_BachasSoto_2016%20(1).pdf.

Banco Mundial (2015), "Country Partnership Framework for the Republic of Costa Rica for the Period FY16-FY20", *Report No. 94686-CR*, Grupo del Banco Mundial, Washington D.C., https://openknowledge.worldbank.org/handle/10986/23124.

BID – División de Gestión Fiscal y Municipal (2015), "Nota de política fiscal. Costa Rica", Banco Intercamericano de Desarrollo, San José de Costa Rica.

BID (2013), "More than revenue. Taxation as a development tool", Banco interamericano de Desarrollo.

FMI (2016), "Costa Rica: Selected Issues and Analytical Notes", *IMF Country Report* No. 16/132, Fondo Monetario internacional.

FMI (2015), "Costa Rica, Staff Report for the 2014 Article IV Consultation", *IMF Country Report No. 15/29*, Fondo Monetario Internacional.

FMI (2013), "Costa Rica Selected Issues", *IMF Country Report* No. 13/80, Fondo Monetario Internacional.

Global Credit Research, (2016), "Moody's changes outlook on Costa Rica's Ba1 rating to negative from stable; affirms rating", Moody's, pagina web, https://www.moodys.com/research/Moodys-changes-outlook-on-Costa-Ricas-Ba1-rating-to-negative--PR_342961 (recuperado el 8 de diciembre de 2016).

González Pandiella, A. (2016), "Making growth more inclusive in Costa Rica", *OECD Economics Department Working Papers*, No. 1300, OECD Publishing, Paris, http://dx.doi.org/10.1787/5jlz4043b39w-en.

Melguizo A., S. Nieto-Parra, J.R. Perea y J. Perez (Pendiente de publicación), "No sympathy for the devil: policy priorities to overcome the middle-income trap in Latin America", *OECD Development Centre Working Papers*, OECD Publishing, Paris.

Ministerio de Hacienda (2017), *Gobierno Central Detalle*, www.hacienda.go.cr/contenido/12520-gobierno-central-detalle (recuperado el 7 de febrero de 2017).

Ministerio de Hacienda (2016), *El Presupuesto Nacional en Costa Rica*, San José de Costa Rica.

Ministerio de Hacienda (2014), *El Gasto Tributario, Metodología Y Estimación*, San José de Costa Rica.

OCDE (2016a), *OECD Economic Surveys: Costa Rica 2016: Economic Assessment*, OECD Publishing, Paris, http://dx.doi.org/10.1787/eco_surveys-cri-2016-en.

OCDE (2016b), *Estadísticas tributarias en América Latina y el Caribe*, OECD Publishing, Paris, http://dx.doi.org/10.1787/rev_stats-2016-en-fr.

OCDE (2015), *Tax Administration 2015: Comparative Information on OECD and Other Advanced and Emerging Economies*, OECD Publishing, Paris, http://dx.doi.org/10.1787/tax_admin-2015-en.

OCDE/CEPAL/CIAT/BID (2017), *Revenue Statistics in Latin America and the Caribbean 2017*, OECD Publishing, Paris, http://dx.doi.org/10.1787/rev_lat_car-2017-en-fr.

OCDE/CEPAL/CAF (2016), *Latin American Economic Outlook 2017: Youth, Skills and Entrepreneurship*, OECD Publishing, Paris, http://dx.doi.org/10.1787/leo-2017-en.

Oviedo, A.-M. (2009), *Economic informality: causes, costs, and policies. A literature survey of international experience*, Grupo del Banco Mundial, Washington, D.C., http://siteresources.worldbank.org/TURKEYEXTN/Resources/361711-1277211666558/bpg_CausesCostsAndPolicies.pdf.

Perry, G., E. Maloney, F. William et al. (2007), *Informality: Exit and Exclusion*, Latin American and Caribean Studies, Grupo del Banco Mundial, Washington, D.C., https://openknowledge.worldbank.org/handle/10986/6730, Licencia: CC BY 3.0 IGO.

Romero-Pérez, J. E. (2004), *La Autonomía Constitucional de las Municipalidades*, Ponencia al Congreso Internacional de Estudios Municipales, Escuela de Administración Pública, San José de Costa Rica, 18-20 de febrero de 2004.

UNCTAD (2016), *Foreign Direct Investment: Inward and Outward Flows and Stock, Annual, 1970-2015*, Stat (database), http://unctadstat.unctad.org/wds/TableViewer/tableView.aspx, (recuperado el 22 de noviembre de 2016) UNCTAD.

Vuletin, G. (2008), "Measuring the Informal Economy in Latin America and the Caribbean", *IMF Working Paper* 08/102, Western Hemisphere Department, Abril 2008.

Capítulo 2

Reformando el sistema tributario de las empresas en Costa Rica

Este capítulo analiza el impuesto sobre la renta de las empresas (IS) en Costa Rica, centrándose en sus tarifas y en las principales normas relacionadas con la base gravable, incluidas las deducciones por depreciación. Los cálculos de tarifas efectivas de tributación (TET) de las empresas muestran el impacto combinado de las provisiones del IS en las inversiones en Costa Rica. El capítulo aborda el desequilibrio entre deuda y capital, la tributación de los ingresos pasivos extranjeros y la reducida red de convenios fiscales del país. En él se analiza si el sistema tributario crea incentivos fiscales para la inversión extranjera directa (IED) en Costa Rica y los efectos sobre las TET de los incentivos relativos al IS para las empresas localizadas en zonas de libre comercio (ZLC). El análisis distingue entre empresas matrices residentes en un país con un sistema fiscal de renta mundial y aquellas residentes en uno de renta territorial.

Los ingresos de fuente nacional están gravados con tasas estándar elevadas, aunque se recaudan relativamente pocos ingresos fiscales

Costa Rica aplica un sistema puramente territorial de IS. Las empresas, residentes o no en territorio costarricense son contribuyentes del IS por sus ingresos de fuente costarricense. Los ingresos de fuente extranjera, ya sean recibidos por empresas con o sin residencia en Costa Rica, no son gravables con el IS en Costa Rica; esta exención se aplica a los ingresos activos y pasivos obtenidos en el exterior. Tal circunstancia convierte el sistema impositivo costarricense en un sistema territorial puro.

La tarifa general del IS en Costa Rica es alta. La tarifa general de IS es del 30%, superior al promedio de la región de América Latina y el Caribe (ALC) (26%) y de la OCDE (24.7%) en 2016. En promedio, los países pequeños de la OCDE suelen aplicar tarifas generales más reducidas; en Costa Rica las tarifas reducidas solo aplican para las pequeñas y medianas empresas (PYME).

Las tarifas impositivas reducidas se aplican a las PYME. En la actualidad, Costa Rica aplica dos tasas reducidas de IS. La tarifa se calcula sobre los ingresos gravables al 10% para las firmas con ingresos brutos anuales hasta CRC 52.32 millones; del 20% para empresas con ingresos brutos anuales de entre CRC 52.32 millones y CRC 105.241 millones, y del 30% para ingresos brutos superiores. Aproximadamente la mitad de los países de la OCDE imponen tarifas reducidas del IS para las PYME, con una disminución media situada en torno a 4 puntos porcentuales (OCDE, 2015a). Estos valores reducidos para las PYME se aplican también en algunos países en la región de ALC (véase la tabla 2.1).

El esquema de tarifas reducidas del IS para las PYME en Costa Rica presenta características poco habituales. El esquema de tarifas reducidas del IS cuenta con múltiples tramos. La tarifa aplicable se establece de acuerdo con los ingresos brutos de las sociedades, pero el impuesto a cargo es determinado por la aplicación de dicha tarifa a los ingresos gravables. Análisis empíricos (Bachas y Soto, 2016) realizados a partir de los datos de declaraciones de impuesto sobre la renta, han demostrado que este diseño de tramos para el cálculo del IS a cargo de las PYME en Costa Rica ha provocado una clara concentración de las compañías debajo de cada uno de los umbrales; al reportar menores ingresos brutos, las empresas logran beneficiarse de una tarifa más reducida la cuál se aplica a los ingresos gravables. Por tanto, se concluye claramente que las empresas en Costa Rica no solo declaran menos ingresos para beneficiarse de una tarifa impositiva reducida, sino que, además, aumentan los costos declarados para disminuir su base gravable.

En la práctica, el uso de umbrales según el tamaño de la empresa no es necesariamente un instrumento eficaz para apoyar la inversión y, en ocasiones, limita el crecimiento. La creación de preferencias fiscales puede introducir mayor complejidad y distorsiones en el sistema tributario. Por ejemplo, los umbrales que limitan las preferencias fiscales para las entidades por debajo de cierto tamaño podrían dar lugar a la creación de barreras para el crecimiento de las PYME. La preferencia fiscal basada en el tamaño incentiva a las empresas a mantenerse por debajo del umbral, con el fin de seguir beneficiándose de los regímenes preferentes, tanto de aquellos relacionados con la reducción de los costos de cumplimiento como de los que establecen los impuestos a cargo (OCDE, 2015a). De este modo, las PYME en crecimiento o las grandes empresas se verán incitadas a dividir sus operaciones en varias sociedades diferentes que puedan beneficiarse del trato fiscal preferente o que permitan disminuir el monto de los ingresos declarados a la vez que se inflan los costos. Estos regímenes podrían proporcionar a dichas entidades beneficios extraordinarios que, por distintos motivos, probablemente no se destinarán a inversión ni a crecimiento. Finalmente, cuando la reducción de las tarifas impositivas se basa en ingresos brutos, se tiende a penalizar a las empresas con escaso margen de utilidad y que terminan por tributar con tarifas más altas que las que tienen empresas con ingresos brutos inferiores pero que declaran mayores utilidades.

Costa Rica planea introducir una reforma importante al esquema de tramos del IS aplicable a las PYME como parte de su propuesta de reforma tributaria. Se aplicaría un doble análisis. En primer lugar, solo aquellas empresas con ingresos brutos inferior a CRC 106 millones (aproximadamente EUR 179 000) se beneficiarían de las tarifas reducidas del IS para las PYME. Además, esta tarifa reducida dejaría de asociarse a los ingresos brutos y variaría de acuerdo con los ingresos gravables. La tarifa reducida del IS se situaría en el 10%, el 15%, el 20% o el 25%; este último valor se aplicaría a los ingresos gravables superiores a CRC 10 millones (es decir, EUR 16 900).

Costa Rica ha suscrito muy pocos convenios fiscales que rebajen las tarifas impositivas de las retenciones en la fuente sobre los dividendos y el pago de intereses a no residentes. Además del IS, los países gravan los pagos por concepto de dividendos e intereses a las sociedades no residentes en su territorio a través de retenciones en la fuente; en la tabla 2.1 se presentan las tarifas generales que imponen un grupo de países seleccionados de ALC. Los convenios fiscales suelen contemplar menores retenciones en la fuente sobre los dividendos y el pago de intereses para los no residentes, pero, como se observa en la tabla 2.1, existen diferencias significativas en relación con el número de los convenios que han entrado en vigor en cada país. Tres de esos países –Ecuador, Brasil y Colombia– imponen retenciones solo a los dividendos pagados sobre utilidades no sujetas al IS. Entre las restantes, las retenciones en la fuente estándar sobre dividendos varían entre el 5% y el 35%. Las retenciones en la fuente por el pago de intereses suelen ser superiores a las de los dividendos y se sitúan entre el 10% y el 35%. Las retenciones en la fuente en Costa Rica son del 5% si se trata de una sociedad inscrita en la bolsa de valores de Costa Rica, y del 15% para sociedades no inscritas (es decir, el valor del 15% se aplica al pago de dividendos efectuado por una sociedad filial no inscrita en la bolsa de valores Costarricense, a su empresa matriz con sede en otra jurisdicción). La segunda tarifa es más alta que en todos los países vecinos, debido a que el país tiene únicamente dos convenios fiscales en vigor (con España y Alemania).

A pesar de la elevada tarifa del IS, los ingresos fiscales por este concepto en Costa Rica son bajos. La base impositiva del IS en Costa Rica es estrecha, como consecuencia de la elevada evasión de impuestos, la existencia de un gran sector de economía sumergida o informal y la gama amplia de incentivos fiscales. Datos recientes (Bachas y Soto, 2016) muestran que las tarifas reducidas del IS en Costa Rica generan un alto nivel de evasión fiscal. Además, Costa Rica contempla distintos incentivos fiscales para las empresas que operan en ZLC y para las asociaciones sin fines de lucro. A consecuencia de la estrecha base del IS existente y de la elevada evasión de impuestos, los ingresos fiscales en Costa Rica por IS supusieron solo el 2.2% del PIB en 2014, notablemente por debajo del promedio de la región de ALC y de los países de la OCDE (figura 2.1).

Tabla 2.1. **Tarifa legal del IS, retenciones en la fuente sobre dividendos e intereses pagados a no residentes, y número de convenios fiscales de un grupo de países seleccionados de la región de ALC**

	Tarifa general del IS	Retención en la fuente sobre dividendos	Retención en la fuente sobre intereses	Número de convenios
Costa Rica	10/20/30 a	15	15	2
Belice	25	15	15	13
El Salvador	25/30 b	5	20	1
Guatemala	25	5	10	0
Honduras	25/30 c	10	10	0
Nicaragua	30	7.5 g	7.5 g	0
Panamá	25	10 h	12.5 h	16
Rep. Dominicana	27	10	10	2
Ecuador	22	0 i	22	19
Uruguay	25	7	12	18
Argentina	35	10	35	19
Brasil	24/34 d	0 j	15	33
Chile	24 e	35 e	4/35 l	32
Colombia	34/40 f	0 k	15 m	13
México	30	10	35	56
Perú	28	6.8	30	11

Fuente: Investigación propia, IBFD.

Notas: a. Las tarifas del IS varían según los ingresos brutos; por encima de CRC 105 241 000 se sitúan en el 30%.

b. La tarifa general de IS de las empresas es del 30% y se reduce al 25% solo cuando los ingresos gravables no superan los USD 150 000.

c. La tarifa general es del 25%; las empresas con ingresos gravables superiores a un millón de HNL (unos EUR 41 000) están sujetas a una sobretasa del 5%.

d. La tarifa general del IS es del 15%; además, existe una contribución social del 9% y una sobretasa del 10% para las sociedades con ingresos gravables superiores a BRL 240 000.

e. La tarifa general es del 24%; a los dividendos distribuidos a los no residentes se les asigna un crédito por los IS pagados y están sujetos a una retención en la fuente del 35%.

f. La tarifa general es del 34% (para el año 2017). Además, las empresas con ingresos gravables superiores a COP 800 millones han de cubrir una sobretasa adicional del 6% (para 2017).

g. Las retenciones en la fuente sobre dividendos e intereses son del 15% para el 50% de los ingresos brutos.

h. Las retenciones en la fuente sobre los intereses se sitúan en el 25% para el 50% de los ingresos brutos, y la retención en la fuente sobre los dividendos es del 10% si los ingresos distribuidos tienen su fuente en Panamá, del 5% de fuente extranjera y del 20% en el caso de acciones.

i. La retención en la fuente sobre los dividendos es nula si se paga sobre beneficios gravados y del 22% en caso contrario.

j. La retención en la fuente sobre los dividendos es nula si se abona sobre beneficios gravados y del 15% en otros casos.

k. La retención en la fuente sobre dividendos es nula cuando se abona sobre beneficios gravados y del 35% en caso contrario.

l. Existe una tarifa reducida de retención en la fuente del 4% sobre los intereses por préstamos concedidos por entidades extranjeras, como bancos, compañías de seguros o instituciones financieras.

m. Las retenciones en la fuente sobre los intereses tributan al 15%, y se aplica una tarifa reducida del 5% sobre el pago de intereses sobre préstamos con un plazo superior de 8 años para el financiamiento de obras de infraestructuras públicas en colaboraciones entre empresas públicas y privadas.

Figura 2.1. **Recaudo de IS expresado como porcentaje del PIB, 2014**

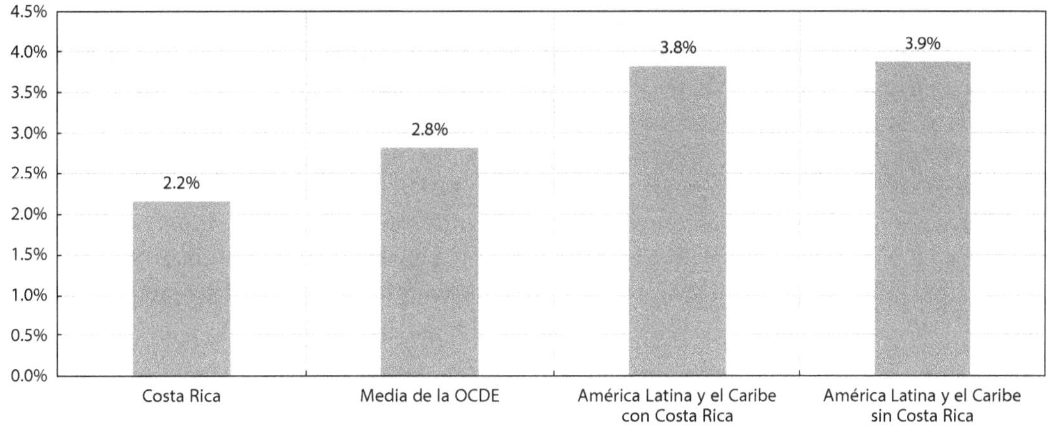

StatLink http://dx.doi.org/10.1787/888933545405

Fuente: Base de datos estadísticos de ingresos de la OCDE.

La depreciación fiscal de activos puede simplificarse

Costa Rica aplica métodos estándar de depreciación fiscal, pero las tasas de depreciación varían notablemente para activos similares. Los costos históricos de los activos pueden depreciarse según el método de la línea recta o el de la suma de los dígitos del año. Es posible aplicar otros métodos de depreciación fiscal, pero han de ser aprobados, caso por caso, por la administración tributaria; esta misma práctica es común dentro de la OCDE. No obstante, la legislación tributaria costarricense prevé más de 500 categorías de activos. Por ejemplo, distingue entre 12 categorías de maquinaria y equipos. Estos activos en el sector del cultivo de arroz deben depreciarse a una tasa del 7%, mientras que los mismos equipos e igual maquinaria en el resto del sector agropecuario se pueden depreciar a una tasa del 10%; tipos similares de activos en el sector de la construcción se enfrentan a una depreciación fiscal del 15%. Una diferenciación como esta de activos similares entre sectores es poco frecuente en la OCDE, ya que, al ser tan compleja, eleva los costos de administración y los costos de cumplimiento de las obligaciones fiscales para los contribuyentes.

Para simplificar los costos de administración y de cumplimiento relacionados con la depreciación fiscal, Costa Rica podría agrupar los activos en varias clases generales. En lugar de fijar tasas de depreciación fiscal para cada activo, el país podría agrupar tipos de activos similares (como maquinaria y equipos, edificios, activos usados para transporte, activos intangibles, etc.) en clases más amplias. Estas clases de activos podrían definirse de manera que los incluidos en cada clase tuvieran una tasa de depreciación económica relativamente similar. Este enfoque permitiría aplicar tipos semejantes para la depreciación con fines fiscales de forma equiparable en los distintos sectores. Así, las tasas de depreciación fiscal serían lo más próximas posible a la depreciación económica real del activo (OCDE, 2007). Una reforma semejante contribuiría a ampliar la base impositiva y a reducir las distorsiones en la asignación de capital en los distintos activos y sectores.

Las empresas se ven incentivadas a financiar las inversiones con deuda y no con capital

Las empresas residentes se enfrentan a un incentivo de origen fiscal para financiar las inversiones con deuda. Como en la mayoría de los países, en Costa Rica el pago de intereses es deducible de la base gravable de las empresas, pero no lo es la rentabilidad del capital, lo que crea un incentivo fiscal para financiar las inversiones con deuda. Los dividendos pagados por una empresa costarricense a una compañía nacional están exentos del IS (para el receptor), con independencia de si se ha satisfecho o no dicho impuesto. El pago de intereses a empresas residentes tributa como ingresos empresariales ordinarios en manos del receptor, por lo que está sujeto a la tarifa del IS. No obstante, se aplica una retención en la fuente final del 8% sobre los intereses para los valores registrados en un mercado bursátil de Costa Rica o emitidos por una institución financiera registrada en el país.

El sesgo a favor del financiamiento a través de deuda persiste cuando se considera el impuesto sobre la renta de las personas físicas (IRPF). En Costa Rica, los dividendos pagados por una sociedad a personas físicas (residentes o no) están sujetos a una retención en la fuente final del 5%; es decir, no se imponen impuestos adicionales en cabeza de las personas físicas sobre los dividendos distribuidos a accionistas o acreedores nacionales. Los dividendos repartidos por una empresa que no cotiza en bolsa a personas físicas (residentes o no) están sujetos a una retención en la fuente final del 15%. Las razones de política fiscal asociadas a este trato diferencial no están muy claras; de hecho, se crea una distorsión en favor de las empresas internacionales y de mayor dimensión –que tienen una probabilidad más alta de cotizar en bolsa– y en detrimento de las nacionales y de menor tamaño. Dada la tarifa general del IS del 30%, la carga tributaria legal combinada sobre dividendos es igual al 33.5% para las empresas inscritas en bolsa y del 40.5% para las no inscritas. Los intereses pagados a personas físicas (residentes o no) tributan con una retención en la fuente final del 15%, aunque se aplica el 8% cuando los intereses se abonan en relación con valores inscritos en el mercado nacional de valores. Las ganancias de capital solo tributan si forman parte de la actividad rentable habitual de la empresa, pero no si se trata de accionistas personas físicas. A pesar de la ausencia de un impuesto sobre las ganancias de capital a nivel individual, los cálculos de tarifas fiscales efectivas revelan que la deuda se mantiene como la fuente de financiamiento de elección para las empresas nacionales (recuadro 2.1).

La legislación tributaria estimula el financiamiento con deuda dentro de los grupos empresariales en caso de una sociedad matriz no residente en el territorio costarricense. Los dividendos distribuidos a empresas no residentes se gravan de forma similar a los distribuidos a personas físicas; es decir, se aplica una retención en la fuente del 5% para las empresas inscritas en el mercado de valores costarricense y del 15% para las no inscritas. Los intereses, las comisiones y otros gastos financieros con fuente en Costa Rica y pagados a empresas no residentes están sujetos a una retención en la fuente final del 15%. La retención en la fuente ligeramente superior que grava los intereses no compensa la ventaja tributaria en IS que recibe la financiación con deuda en vez de con capital. Las empresas matrices extranjeras preferirán, por tanto, financiar a sus filiales en Costa Rica con deuda y no con capital.

La asimetría en favor de la deuda distorsiona las decisiones de financiamiento e inversión de las empresas. Dado el diferente trato tributario de la deuda y del capital, las empresas se ven incentivadas a financiar sus inversiones con deuda. Esta circunstancia aumenta el riesgo de insolvencia, además de generar una potencial discriminación en perjuicio de las empresas pequeñas e incipientes, que podrían ver reducido su acceso al financiamiento con deuda o tener que solicitar créditos a tipos de interés superiores (OCDE,

2007). Asimismo, puede implicar que compañías innovadoras cuyo activo principal es el conocimiento afronten un mayor costo de financiamiento que las más tradicionales. Además, las sociedades que poseen activos propios contra los cuales resulta difícil obtener créditos, se encuentran en una desventaja competitiva inducida por el régimen tributario (Cnossen, 1996).

Costa Rica maneja una amplia variedad de TET sobre la inversión nacional

Los cálculos de TET de las empresas muestran el impacto combinado de las provisiones del IS en las cargas tributarias efectivas sobre las inversiones en Costa Rica. El recuadro 2.1 presenta las TET sobre la inversión nacional en Costa Rica; los resultados reflejan el impacto de las tarifas legales estándar y reducida del IS, las diferencias en la depreciación fiscal para los distintos tipos de activos (p. ej., inversión en edificios no residenciales, maquinaria y equipos, y activos intangibles) y los gravámenes sobre la ganancia de capital a nivel individual. El análisis presenta los resultados para empresas inscritas y no inscritas en el mercado de valores costarricense, con el fin de mostrar el efecto de las distintas retenciones en la fuente sobre los dividendos.

Los cálculos de TET para la inversión nacional confirman el orden de financiamiento de los impuestos: las empresas se ven incentivadas por motivos fiscales a financiar las inversiones con deuda más que con capital; como fuente de financiamiento, prefieren las ganancias retenidas antes que la inversión de nuevo capital (véase el recuadro 2.1). De hecho, de la comparación entre las tarifas fiscales efectivas y las fuentes de financiamiento se desprende un patrón evidente. En primer lugar, las inversiones financiadas con nuevo capital suelen estar sujetas a TET más altas. Este resultado se deriva de las retenciones en la fuente practicadas sobre las distribuciones que efectúan sociedades que cotizan o no en el mercado de valores. En segundo lugar, las TET por inversiones financiadas a través de ganancias retenidas son considerablemente más bajas, debido a que el gravamen sobre los dividendos a nivel personal reduce los costos de oportunidad para este tipo de financiamiento y, además, porque Costa Rica no impone un impuesto sobre las ganancias de capital a los accionistas personas físicas. Sin embargo, la deducibilidad de los intereses lleva implícito el hecho de que las inversiones financiadas con deuda sean las más favorecidas en el ámbito tributario, sobre todo en el caso de empresas situadas en los tramos fiscales superiores. En conjunto, este sistema tributario desalienta las inversiones financiadas con capital y favorece las financiadas con deuda. En las empresas más pequeñas, posiblemente con dificultades para obtener crédito, esta diferencia es menos significativa; en cambio, resulta muy sustancial para las compañías situadas en los dos tramos fiscales superiores.

Recuadro 2.1. **Costa Rica: tarifas efectivas de tributación sobre la inversión nacional**

Modelo económico y supuestos

Las TET prospectivas constituyen una importante medida de política fiscal que recoge información sobre las tarifas y las bases gravables, así como de otras disposiciones relevantes dentro de un marco comparable. Existe una metodología bien establecida para calcular TET a partir de proyectos de inversión prospectivos o hipotéticos. El enfoque de modelización utilizado para el cálculo de estas tarifas para las inversiones en Costa Rica se basa en el marco teórico estándar desarrollado por Devereux y Griffith (1999 y 2003) y recientemente descrito con detalle por Hanappi (Pendiente de publicación). Basado en la bibliografía económica, el modelo de la OCDE para el cálculo de las TET aplicables a las empresas combina información sobre las reglas tributarias

Recuadro 2.1. **Costa Rica: tarifas efectivas de tributación sobre la inversión nacional** *(continuación)*

(p. ej., depreciación fiscal y desgravaciones) con información específica sobre los activos y otros supuestos económicos (p. ej., rentabilidad y depreciación económica). Se calculan dos tipos de TET:

- Las tarifas efectivas de tributación marginales (TETM) miden la magnitud en que la tributación incrementa la tarifa aplicada antes de los impuestos, requerida para que los inversionistas alcancen un punto de equilibrio. Este indicador se utiliza para analizar las decisiones de inversión en el margen intensivo, es decir, para evaluar la influencia que tienen los impuestos a la hora de incentivar mayores inversiones en un lugar determinado.
- Las tarifas efectivas de tributación promedio (TETP) determinan el efecto de la tributación en los proyectos de inversión que proporcionan beneficios económicos. Se basan en la comparación entre el valor actual neto (VAN) de los flujos de efectivo antes y después de impuestos. Este indicador se utiliza para analizar las decisiones de inversión en el margen extensivo, es decir, para evaluar las decisiones de localización, como, por ejemplo, cuando una multinacional decide ubicar una fábrica en una jurisdicción determinada y no en otra.

Se consideran tres fuentes de financiamiento: utilidades retenidas, nuevo capital y deuda. Los cálculos de TET presentados en este análisis se centran en la inversión nacional en Costa Rica por empresas inscritas y no inscritas. Aparte de estas TET, se muestran también los resultados sobre el **costo de capital**, que se define como la tarifa de impuestos antes de impuestos sobre los rendimientos necesaria para generar una renta económica después de impuestos de cero; de esta manera, está relacionada con las TETM.

El proyecto de inversión prospectivo se describe mediante la tasa de rendimiento antes de impuestos y la depreciación económica:

- La **tasa de rendimiento antes de impuestos** determina los ingresos, el valor neto de los costos variables y la depreciación, obtenidos a partir de una reserva de capital. La TETP, que mide los efectos tributarios en los proyectos que producen rentas económicas, será creciente en la tasa de rendimiento antes de impuestos. Como TETM mide la carga tributaria sobre inversiones marginales que, por definición, actúan como factores de compensación, la tasa de rendimiento antes de impuestos no tiene influencia en ella. En Costa Rica, un país con ingresos medios-altos y un índice promedio de crecimiento situado ligeramente por debajo del 4% en los últimos 5 años, la tasa de rendimiento antes de impuestos se supone establecida en el 20%.
- La **depreciación económica** determina el tiempo de vida y, por tanto, la rentabilidad de un proyecto de inversión en términos de su VAN. Los cálculos presentados en esta sección se basan en tres activos: 1) edificios no residenciales, que se deprecian de acuerdo con el método de saldos decrecientes a una tarifa del 3%; 2) maquinaria y equipo, que se deprecian al 8%, y 3) activos intangibles, depreciados al 25%.

Se consideran tres **esquemas de depreciación fiscal**: 1) al 2% para edificios no residenciales; 2) al 10% para maquinaria y equipo, y 3) al 20% para activos intangibles. Estos parámetros se basan en un reciente cuestionario de la OCDE sobre modelos de inversión de capital en el que Costa Rica participó en marzo de 2016 y proporcionó respuestas basadas en las reglas fiscales vigentes a julio de 2015. Al comparar las reglas de depreciación fiscal con las de la depreciación económica de los activos correspondientes, se observa que la depreciación fiscal se encuentra ligeramente desacelerada para las estructuras no residenciales, acelerada moderadamente para la maquinaria y los equipos, y manifiestamente desacelerada para los activos intangibles.

Los dos principales parámetros económicos de relevancia son el **tipo de interés real** y la **inflación**. Ambos parámetros interactúan entre sí y con los parámetros fiscales y los flujos financieros. Para los cálculos presentados en esta sección se supone que los dos parámetros, tipo de interés real e inflación, son iguales a la media de 5 años para Costa Rica (2011-2015). Por tanto, el **tipo de interés real** se ha fijado en el 12%, y la **inflación,** en el 3.5%.

Recuadro 2.1. **Costa Rica: tarifas efectivas de tributación sobre la inversión nacional** *(continuación)*

Resultados empíricos

Los resultados se muestran en las tablas 2.2. y 2.3. Cada tabla recoge la TETP, la TETM y el costo de capital para las nueve combinaciones de tramos fiscales y tipos de activos para cada fuente de financiamiento. Del análisis se desprenden varias conclusiones:

- La comparación de los resultados entre diferentes activos pone relieven evidencia que las dos TET –TETP y TETM– son más altas para los activos sujetos a depreciación desacelerada, es decir, las estructuras no residenciales y los activos intangibles. Las diferencias en las TETP en comparación con el segundo activo, maquinaria y equipos, pueden elevarse hasta 4 puntos porcentuales para las empresas del tramo fiscal más alto; en la TETM la diferencia llega hasta 5 puntos porcentuales para el caso de utilidades retenidas y hasta 7 puntos porcentuales para las inversiones financiadas con deuda.
- La comparación de las TETP para un activo específico en los distintos tramos de impuestos muestra que los aumentos en la tarifa legal del IS de 10 puntos porcentuales se acompañan de incrementos en las TETP de unos 8-10 puntos porcentuales para inversiones financiadas con capital (utilidades retenidas o nuevo capital). No obstante, para inversiones financiadas con deuda, el aumento en la TETP es mucho menor, de unos 2-3 puntos porcentuales, dado que la deducibilidad de los intereses implica que las tarifas legales más altas también aumentan el valor de los intereses que pueden deducirse de la base gravable para las empresas.
- Las retenciones en la fuente reducen el costo de oportunidad de las utilidades retenidas en términos de pérdida de dividendos. Como resultado, las TETP sobre inversiones financiadas por utilidades retenidas son menores que las aplicadas sobre las inversiones que se financian con nuevo capital. Aunque esta diferencia es más pronunciada (de unos 10 puntos porcentuales) en el caso de las sociedades que no cotizan en el mercado de valores costarricense, que están sujetas al 15% de retención en la fuente sobre los dividendos, también es apreciable para las sociedades que si cotizan en este mercado, sujetas a una retención en la fuente del 5%.
- Para inversiones financiadas con capital, TETM suelen ser bastante próximas a las TETP, y esto es debido a dos factores. Por una parte, los tramos de depreciación fiscal se adecúan, en buena medida, a la depreciación económica real; únicamente las inversiones en maquinaria y equipos están sujetas a una aceleración, mientras que los otros dos activos siguen esquemas ligeramente desacelerados. Por otra parte, las suposiciones sobre los tipos de interés y la inflación conllevan que el tipo de interés nominal y, con ello, el descuento de los accionistas son relativamente altos; esto hace que las rentas económicas de períodos futuros tengan menos valor en términos actuales. De este modo, se reduce la diferencia entre las TETP y TETM respectivas. Las TETM sobre las inversiones financiadas con deuda son muy bajas, sobre todo las relativas a inversiones en maquinaria y equipos, que están sometidas a un esquema de depreciación fiscal ligeramente acelerado.

Tabla 2.2. **TET sobre inversión nacional (empresas inscritas en el mercado de valores)**

	Utilidades retenidas								
	IS del 10%			IS del 20%			IS del 30%		
	Edificios	Maquinaria	Intangibles	Edificios	Maquinaria	Intangibles	Edificios	Maquinaria	Intangibles
TETP	5.8	4.5	5.7	16.0	13.4	15.7	26.1	22.3	25.7
TETM	10.9	8.7	10.7	21.6	17.6	21.2	32.1	26.8	31.6
CoC	12.1	11.8	12.1	13.7	13.1	13.7	15.9	14.7	15.7

Recuadro 2.1. **Costa Rica: tarifas efectivas de tributación sobre la inversión nacional** *(continuación)*

	Nuevo capital								
	IS del 10%			IS del 20%			IS del 30%		
	Edificios	Maquinaria	Intangibles	Edificios	Maquinaria	Intangibles	Edificios	Maquinaria	Intangibles
TETP	9.4	8.1	9.2	19.5	16.9	19.1	29.7	25.7	29.0
TETM	16.0	13.9	15.7	25.2	21.5	24.7	34.6	29.7	34.0
CoC	12.8	12.5	12.8	14.4	13.7	14.3	16.5	15.3	16.3

	Deuda								
	IS del 10%			IS del 20%			IS del 30%		
	Edificios	Maquinaria	Intangibles	Edificios	Maquinaria	Intangibles	Edificios	Maquinaria	Intangibles
TETP	4.3	3.1	4.2	7.1	4.7	7.2	9.9	6.5	10.4
TETM	8.7	6.3	8.4	11.0	6.0	10.9	17.7	10.4	17.9
CoC	11.8	11.5	11.8	12.1	11.5	12.1	13.1	12.0	13.1

Nota: Se aplica el 5% de retención en la fuente a los dividendos; para los intereses, la retención en la fuente aplicada es del 8%.

Tabla 2.3. **TET sobre inversión nacional (empresas no inscritas)**

	Utilidades retenidas								
	Is del 10%			Is del 20%			Is del 30%		
	Edificios	Maquinaria	Intangibles	Edificios	Maquinaria	Intangibles	Edificios	Maquinaria	Intangibles
TETP	4.4	3.3	4.3	13.6	11.4	13.4	22.8	19.5	22.5
TETM	11.0	8.7	10.8	21.8	17.6	21.5	32.4	26.8	31.9
CoC	10.9	10.6	10.9	12.4	11.8	12.3	14.3	13.2	14.2

	Nuevo capital								
	Is del 10%			Is del 20%			Is del 30%		
	Edificios	Maquinaria	Intangibles	Edificios	Maquinaria	Intangibles	Edificios	Maquinaria	Intangibles
TETP	14.4	13.3	14.2	23.6	21.2	23.0	32.7	29.2	31.9
TETM	26.2	24.5	25.9	32.9	29.7	32.3	40.2	35.8	39.5
CoC	13.1	12.8	13.1	14.5	13.8	14.3	16.2	15.1	16.0

	Deuda								
	Is del 10%			Is del 20%			Is del 30%		
	Edificios	Maquinaria	Intangibles	Edificios	Maquinaria	Intangibles	Edificios	Maquinaria	Intangibles
TETP	7.8	6.6	7.6	10.3	8.1	10.2	12.8	9.8	13.1
TETM	16.8	14.7	16.5	17.2	12.6	17.0	22.1	15.0	22.1
CoC	11.6	11.4	11.6	11.7	11.1	11.7	12.4	11.4	12.4

Nota: Se aplica el 15% de retención en la fuente a los dividendos; para los intereses, la retención en la fuente aplicada es del 15%.

Una reforma amplia al impuesto sobre las ganancias de capital podría contribuir a compensar el desequilibrio fiscal entre deuda y capital

Costa Rica maneja diferentes opciones en materia de política fiscal para abordar el desequilibrio entre deuda y capital e integrar los IS e IRPF que gravan las ganancias distribuidas. Los sistemas de deducción de dividendos permiten deducir los dividendos, total o parcialmente, de la base gravable. Los sistemas de impuesto sobre la renta de las empresas con tarifas divididas imponen una menor tarifa a los beneficios distribuidos que a los retenidos. Por su parte, los sistemas de imputación de dividendos aportan desgravaciones fiscales a favor de la persona física en un monto equivalente al IS pagado por la empresa sobre los dividendos distribuidos al accionista persona física. Bajo un sistema de imputación de dividendos, a los dividendos se les suma (en parte) el IS inicialmente pagado, para luego, gravar este resultado en cabeza de cada accionista persona física. El impuesto a cargo de cada accionista persona física sobre los dividendos se reduce con (parte del) IS que se sumó inicialmente. Finalmente, estos dividendos pueden gravarse también con unas tarifas efectivas que son menores que las aplicadas al pago de intereses de acuerdo con un trato fiscal por tramos, ya sea incluyendo solo una parte del dividendo en los ingresos personales gravables o aplicando a los dividendos tarifas impositivas inferiores a las del pago de intereses.

Bélgica e Italia han introducido una asignación por capital corporativo (ACE, *allowance for corporate equity*) a fin de afrontar las diferencias entre deuda y capital. Un sistema tributario con ACE corrige el trato fiscal diferencial de la deuda y el capital al proporcionar una asignación deducible del capital empresarial en el cálculo de la base gravable del IS. De forma similar a lo que sucede con la deducibilidad del pago de intereses de la base del IS, el ACE equivale al valor del capital de la empresa por una tasa de interés apropiada. De esta manera, la asignación se aproxima a los beneficios empresariales "normales". Así, el IS se limita a las rentas económicas, ya que el capital corporativo situado por encima de la ACE sigue sujeto a un impuesto. Para evitar ganancias extraordinarias para los propietarios de capital existentes, así como para reducir el costo a corto y medio plazo, la ACE podría incluirse únicamente en las inversiones nuevas (como sucede en Italia) y excluirse de las reservas de capital existentes (como es el caso de Bélgica) (OCDE, 2007).

A corto plazo, Costa Rica no debería resolver la asimetría entre deuda y capital mediante la introducción de un sistema ACE. El sistema ACE es costoso en lo que respecta a la pérdida de ingresos fiscales. Por otra parte, si no está bien diseñado, abre nuevas oportunidades de planeación fiscal estratégica que ejercen presión a la baja sobre la recaudación del IS. La introducción de este sistema requiere, por tanto, la aplicación de unas normas que combatan la elusión de impuestos y una estricta fiscalización tributaria. Dados los retos que supone para la administración tributaria y considerando que Costa Rica necesita recaudar más ingresos para equilibrar su presupuesto, no debería plantearse la introducción a corto plazo de un sistema ACE.

Con el tiempo, Costa Rica podrá empezar a gravar los ingresos de capital en cabeza de las personas físicas en lugar de aplicar retenciones en la fuente sobre estos ingresos en cabeza de las sociedades, como sucede en la actualidad. Una interesante opción para la política fiscal del país es la introducción de un modelo dual (DIT, *dual income tax*) en el impuesto sobre la renta (Brys, et al., 2016). Según este modelo, las rentas de capital y de trabajo tributan según tramos impositivos diferentes. La tributación de las rentas de capital en cabeza de las personas físicas permitiría aplicar un gravamen mediante tarifas progresivas y/o prever una asignación básica que eximiera de impuestos una cantidad mínima de dichas rentas (la mayoría de los países aplican un modelo DIT al capital con tasas proporcionales), con lo cual se refuerza la equidad del sistema tributario. Permitiría transferir una parte de la carga tributaria en cabeza de las empresas hacia las personas físicas, con lo que se reduciría la tarifa general del IS y se lograría que en Costa Rica esta tarifa fuera similar a la de otros países de la región de ALC y de la OCDE. Asimismo, esta reforma permitiría equiparar la carga tributaria máxima de los ingresos de capital y de trabajo, a fin de evitar que los empleadores incluyeran importantes desgravaciones de origen fiscal. No obstante, tal reforma conlleva importantes costos administrativos, por lo que no ha de plantearse como una prioridad inmediata.

Dados los importantes retos fiscales a los que se enfrenta Costa Rica, es preciso abordar la asimetría entre deuda y capital, al menos a corto plazo, con retenciones en la fuente más altas sobre el pago de intereses. Como Costa Rica debe incrementar el recaudo fiscal para equilibrar su presupuesto, no deberían introducirse reformas que reduzcan la asimetría entre la deuda y el capital mediante medidas que reduzcan los ingresos fiscales. En Costa Rica, los pagos de intereses tributan con una retención en la fuente baja del 8%, o del 15% si se trata de bonos no inscritos en el mercado de deuda soberana; por su parte, los dividendos de las empresas inscritas y no inscritas tributan al 5% y al 15%, respectivamente. Para reducir la asimetría entre deuda y capital, Costa Rica debería plantearse aumentar la retención en la fuente sobre el pago de intereses al menos al 15%, aunque preferiblemente con una tarifa ligeramente superior.

En la actualidad, Costa Rica no aplica ningún límite al monto de gastos de intereses deducibles de la base del IS. A diferencia de lo que sucede en la mayoría de los países de ALC y la OCDE, las empresas costarricenses pueden deducirse todos los gastos de intereses a la hora de calcular la base gravable del IS. De este modo, el IS en Costa Rica es vulnerable a la erosión de la base imponible y al traslado de beneficios (BEPS, *base erosion and profit shifting*). Debido a la alta tarifa general del IS, las empresas internacionales con niveles altos de apalancamiento pueden detraer fácilmente los beneficios del país y obtener una importante reducción de impuestos.

El proyecto BEPS, en su acción 4, ofrece como recomendación un enfoque para el diseño de reglas que eviten una deducibilidad excesiva de los intereses. Aun cuando con el enfoque recomendado no se pretende corregir la asimetría en el tratamiento tributario de la financiación a través de deuda y capital sino reducir el traslado de beneficios, el proyecto BEPS fija un límite a la deducibilidad de los intereses y, por tanto, reduce indirectamente dicha asimetría. El proyecto BEPS de la OCDE/G20 ha recomendado aplicar unas reglas de limitación de intereses centradas en los beneficios (por ejemplo, barreras a los intereses) en lugar de focalizarse en el balance general. El enfoque recomendado se basa en una regla de ratio fija que limita las deducciones netas de una entidad por los intereses y otros pagos económicamente equivalentes a intereses, a un porcentaje determinado con base en sus utilidades antes de intereses, impuestos, depreciación y amortización (EBITDA, *earnings before interest, taxes, depreciation and amortisation*). Los intereses de entre el 10% y el 30% del EBITDA seguirían siendo deducibles, mientras que los superiores al 30% podrían arrastrarse indefinidamente a declaraciones posteriores (OCDE, 2015f). El enfoque recomendado sugiere aplicar simultáneamente la norma de ratio fijo con una regla de ratio global de grupo que permitiría que una entidad con gastos por intereses netos que superen el límite del ratio fijo establecido en el país, deduzca estos intereses hasta el nivel de la ratio intereses netos/EBITDA determinada por su grupo a nivel mundial.

De acuerdo con las mejores prácticas internacionales, Costa Rica planea introducir una regla de limitación de los intereses basada en los beneficios. La actual propuesta de reforma del IS costarricenses prevé introducir un límite a la deducibilidad de los intereses netos igual al 20% del EBITDA. Los gastos de intereses superiores a este valor pueden arrastrarse a años fiscales posteriores indefinidamente. La propuesta no contempla una regla adicional de ratio global de grupo. El borrador del proyecto de ley excluye los intereses abonados contra préstamos que se usan para financiar proyectos públicos, siempre que el desarrollador del proyecto esté domiciliado fiscalmente en Costa Rica. El límite no se aplica al sector bancario.

Costa Rica debería considerar incluir una regla adicional de ratio global de grupo. Así sería posible que una entidad con gastos de intereses netos superiores al ratio fijado en un país, dedujera los gastos por intereses hasta el nivel de la ratio global de intereses netos/EBITDA de su grupo. Una regla de ratio fija aporta al país un grado de protección frente a BEPS, pero puede ser una herramienta inadecuada que no tiene en cuenta el hecho de que los grupos que operan en diferentes sectores pueden necesitar distintos niveles de apalancamiento y que algunos grupos de un mismo sector están mucho más apalancados que otros por motivos no fiscales. Si se establece una ratio fija de referencia en un nivel apropiado para empezar a trabajar con el proyecto BEPS, esta situación podría resultar en doble imposición para aquellos grupos que, en conjunto, estuvieran apalancados por encima de este nivel. Por tanto, se insta a los países a que combinen una regla de ratio fija robusta y eficaz con una global de grupo que haga posible que una entidad, en ciertas circunstancias, se deduzca más gastos de intereses. La regla de la ratio global de grupo puede implementarse como disposición separada de la regla de la ratio fija o bien como parte de una norma general que incluya ambas ratios (OCDE, 2015f).

Costa Rica podría considerar gravar las ganancias de capital de forma más extensa como parte del IS

Costa Rica grava las ganancias de capital a través del IS si las mismas provienen de la actividad comercial habitual de la empresa o de la venta de activos depreciables. La Sala Constitucional ha definido, de forma bastante restringida, el concepto de "actividad habitual" como aquella actividad predominante que una empresa lleva a cabo de manera pública y frecuente y a la cual dedica la mayor parte de su tiempo. Cualquier ganancia de capital que no cumpla con esta definición no es gravada con el IS; esto incluye a las ganancias de capital obtenidas por la transferencia de tierras.

Ampliar la base gravable del IS mediante la inclusión de las ganancias de capital, simplificaría el IS y se reducirían las oportunidades de elusión de impuestos. Gravar las ganancias de capital de forma más amplia reducirá los esfuerzos de fiscalización a cargo de la administración tributaria. La reciente propuesta de reforma fiscal eliminaría la diferenciación entre actividades habituales y no habituales, lo cual es bien acogido. No obstante, la reforma plantea gravar las ganancias de capital con una tarifa reducida del 12%, lo cual sigue incentivando a las empresas a reclasificar ingresos ordinarios como ganancias de capital. En lugar de hacer que las ganancias de capital tributen a una tarifa reducida bajo el IS, Costa Rica debe considerar gravarlas con la tarifa estándar para empresas.

Costa Rica podría empezar a gravar los ingresos pasivos de fuente extranjera

Existen diferencias considerables entre países en la tributación de los ingresos transfronterizos. Por una parte, los sistemas tributarios de renta mundial o global gravan a las empresas por sus ingresos globales; los sistemas fiscales territoriales por su parte, únicamente gravan aquellas rentas que tengan su fuente en el país. En la práctica, la mayor parte de los países aplican una combinación de estos dos sistemas. En 2012, 28 de los 34 Estados miembros de la OCDE habían adoptado un sistema tributario territorial que eximía a la mayoría de las ganancias activas repatriadas de filiales residentes fiscales en el país de la fuente de los ingresos (. Los miembros de la OCDE suelen exigir una participación del 10% en el capital de la filial extranjera para tener derecho a la exención por territorialidad. La mayor parte de los países de la OCDE con sistemas tributarios territoriales consideran exentos los ingresos activos obtenidos por filiales extranjeras y las ganancias obtenidas en la venta de las participaciones de dichas filiales. Algunos Estados miembros de la OCDE con sistemas tributarios de tipo territorial limitan la exención a las filiales residentes en países con los que han suscrito un convenio para evitar la doble tributación.

Costa Rica aplica un sistema de IS territorial puro, que solamente grava los ingresos que tienen su fuente en Costa Rica. Los ingresos, ya sean activos o pasivos, de fuente extranjera no tributan bajo el IS en Costa Rica. Así pues, Costa Rica aplica un régimen de exención de participación completa, en virtud del cual los dividendos recibidos de filiales del exterior no son gravados en el país, independientemente del porcentaje de participación que tenga la empresa que recibe los dividendos en la filial que los paga.

Costa Rica debe definir reglas claras sobre qué se consideran ingresos de fuente nacional y extranjera. Definiciones claras de territorialidad evitan la incertidumbre y las controversias en el ámbito tributario sobre si un ingreso tiene su fuente en Costa Rica o en el exterior. En algunos casos, la administración tributaria ha reclasificado un ingreso de fuente extranjera como originado en Costa Rica.[1] Cualquier cambio futuro al sistema tributario territorial de ese país –por ejemplo, en lo que se refiere a la tributación de los ingresos pasivos de fuente extranjera– debe implementarse mediante una legislación tributaria clara que minimice la probabilidad de que las empresas y la administración tributaria enfrenten problemas de interpretación.

Costa Rica no debe pasar de un sistema territorial en el IS a uno puramente mundial que grave todos los tipos de ingresos empresariales de origen extranjero, tanto pasivos como activos. El actual sistema tributario territorial y la elevada tarifa del IS hacen que las compañías costarricenses atiendan los mercados extranjeros –que aplican una baja tarifa del IS– desde dichos países, en lugar de exportar los bienes y servicios desde Costa Rica. No obstante, gravar ingresos activos de fuente extranjera a una tarifa alta como la del 30% pondría a las sociedades costarricenses que operan en los mercados exteriores en una posición de desventaja competitiva. Por otra parte, Costa Rica es una economía abierta pequeña e importador neto de capital. El número de empresas residentes en el país que obtienen ingresos de fuente extranjera es relativamente bajo. En estas circunstancias, el paso hacia un sistema de renta puramente mundial no aportaría demasiadas ventajas económicas. Tal movimiento conllevaría, además, elevados costos administrativos, sin que la recaudación aumentara de un modo sustancial.

Costa Rica podría considerar gravar los ingresos pasivos recibidos por inversiones en el exterior bajo el IS. Como en el país los ingresos pasivos por inversiones en el exterior (intereses, dividendos o regalías) no están gravados, las empresas residentes pueden verse instadas por motivos fiscales a invertir sus utilidades en activos financieros en el exterior, en lugar de reinvertirlos en el territorio costarricense, así como financiar las inversiones nacionales con deuda en vez de con capital; sobre todo por la relativamente alta tarifa del IS. Al atraer los ingresos pasivos de fuente extranjera dentro de la base gravable del IS, Costa Rica reduciría las posibilidades de elusión y evasión fiscal, ya que no habría incentivos para reclasificar los ingresos pasivos de fuente nacional como ingresos de fuente extranjera.

Gravar los ingresos pasivos de inversiones en el exterior en Costa Rica a una tarifa baja generará pocos ingresos fiscales. Los ingresos pasivos serán gravados en el país de la fuente a través del IS de ese país y/o de las retenciones en la fuente que apliquen cuando los pagos sean efectuados a favor de una empresa residente fiscal en Costa Rica. Los convenios fiscales suelen reducir las retenciones en la fuente que se aplican. No obstante, Costa Rica tiene únicamente dos convenios fiscales vigentes (con España y Alemania). Esto supone que para los demás países se aplicarán las retenciones en la fuente estándar (más elevadas). Por otra parte, para evitar la doble imposición, Costa Rica deberá contar con algún alivio para evitar la doble imposición (es decir, compensar el hecho de que el pago en cuestión ya haya tributado en el país de la fuente). Como resultado, es muy probable que Costa Rica no obtenga muchos ingresos adicionales al gravar los ingresos pasivos de fuente extranjera, sobre todo si además de otorgar alivios para evitar la doble imposición por las retenciones en la fuente practicadas en el exterior, también otorgara alivios por el IS pagado por la filial que genera la renta pasiva; este último caso sin embargo sería bastante menos habitual que el primero.

No obstante, aplicar una tarifa demasiado elevada a los ingresos pasivos de fuente extranjera podría generar grandes distorsiones, en concreto porque un elevado gravamen iría en detrimento de la competitividad de las empresas costarricenses que invierten en el exterior y las induciría a demorar la repatriación de fondos a Costa Rica. Por tanto, es importante también que las nuevas reglas fiscales no incluyan ingresos activos obtenidos en otros países dentro de la base gravable del IS, y que únicamente los ingresos pasivos sean gravados, con el fin de captar aquellos que hayan sido enviados al exterior simplemente por motivos de elusión de impuestos.

El paso hacia la tributación de los ingresos pasivos de fuente extranjera debe ir acompañado de medidas que alivien la doble imposición. Hoy en día, el sistema tributario costarricense no contempla ningún alivio unilateral a la a doble imposición. Como se ha señalado, solo existen dos convenios fiscales vigentes. En el corto plazo, Costa Rica debe considerar introducir alivios unilaterales para evitar la doble imposición de los ingresos pasivos de fuente extranjera. A mediano plazo, el país puede valorar los méritos de expandir estratégicamente o no su red de convenios para evitar la doble imposición con el fin de negociar menores tarifas de retención en la fuente y de incluir mecanismos bilaterales para prevenir la doble imposición.

Los costos y los beneficios de los convenios para evitar la doble imposición deben sopesarse detenidamente. En general, estos aportan diversas ventajas a un país y a sus inversionistas, aunque han de diseñarse con mucha atención. Las negociaciones y la puesta en marcha de estos tratados son, a menudo, complejas y consumen valiosos recursos administrativos. Dado que estos convenios para evitar la doble imposición suelen reducir las tasas de retenciones en la fuente, tal vez supongan beneficios inesperados para la inversión extranjera ya existente en Costa Rica, con lo cual llevarían a una pérdida de ingresos fiscales para el Gobierno. Los beneficios obtenidos por un país por la importación de capitales derivados de la firma de un tratado para evitar la doble imposición dependerán, en gran medida, de si se obtienen suficientes ganancias de la ampliación de la IED para compensar la pérdida de ingresos fiscales (FMI, 2014). La suscripción de un mayor número de convenios permitiría a las autoridades costarricenses negociar retenciones en la fuente más bajas impuestas por otros países sobre los pagos hechos a Costa Rica. De este modo, el país aumentaría sus ingresos fiscales al gravar los ingresos pasivos de fuente extranjera, al mismo tiempo que dispondría de instrumentos válidos para obtener información sobre las actividades financieras de las empresas residentes en su territorio y de sus inversiones en el exterior. Igualmente, es posible alcanzar este último objetivo a través de la Convención sobre Asistencia Administrativa Mutua en Materia Fiscal, que Costa Rica ya ha suscrito.

La inclusión en los convenios fiscales de disposiciones que prevengan la utilización abusiva de convenios fiscales es un instrumento importante a la hora de reducir los posibles costos y el uso abusivo de los mismos. Los trabajos avanzados en virtud de la acción 6 del proyecto BEPS de la OCDE y el G20 reconocen la importancia de prevenir la concesión de las ventajas derivadas de la aplicación de los tratados en circunstancias inadecuadas. Un principio orientador establece que los beneficios de un convenio no deben disfrutarse cuando el objetivo principal consista tan solo en obtener una posición tributaria más favorable. Existen diversas técnicas para prevenir estos abusos, como las Normas Generales contra la Elusión basadas en un Test del Propósito Principal y reglas específicas en este ámbito, como la de limitación de los beneficios. Como miembro del Marco Inclusivo sobre BEPS (véase más adelante), Costa Rica se ha comprometido a introducir el estándar mínimo que evite la utilización abusiva de los convenios fiscales en todas las cuestiones relativas a los convenios de doble imposición.

Gravar los ingresos pasivos de fuente extranjera podría ir de la mano de la introducción de normas CFC de transparencia fiscal internacional (normas CFC, *Controlled-Foreign-Corporation*). Las normas CFC permiten a las jurisdicciones gravar los ingresos obtenidos por las filiales radicadas en el extranjero. Se suelen aplicar a ingresos pasivos que son retenidos en otros países (es decir, intereses, dividendos y regalías). Dado que las tasas en Costa Rica son elevadas, sus empresas nacionales pueden verse incentivadas a transferir sus activos (p. ej., la propiedad intelectual) a jurisdicciones con impuestos más bajos, con lo que los flujos correspondientes eludirían la tributación en territorio costarricense. Estos ingresos estarían al alcance de la administración tributaria gracias a normas CFC, por lo que, con el tiempo, Costa Rica podría plantearse considerar su introducción.

Costa Rica debe considerar la introducción de medidas adicionales de protección de la base gravable. Por ejemplo, el actual sistema del IS no prevé un límite a la deducibilidad de los gastos en que se incurre para la obtención de los ingresos pasivos de fuente extranjera. El Gobierno tal vez desee asegurarse de que los costos en los que incurren para la obtención de los ingresos pasivos de fuente extranjera sean deducibles únicamente de la base gravable de los ingresos pasivos de fuente extranjera.

Las actuales propuestas de reforma fiscal mantienen el sistema tributario territorial del país, pero incluyen los ingresos pasivos de fuente extranjera dentro de la base del IS. Los dividendos, los intereses y las regalías procedentes de las "actividades rentables" en el extranjero de una empresa parecen escapar a la tributación. Esto implicaría que la base gravable no se estaría ampliando de modo significativo; por otra parte, redundaría en altos costos administrativos de cara a prevenir la reclasificación de los ingresos de las "actividades no rentables" para eludir impuestos. Asimismo, no se ha fijado la tarifa del impuesto. La propuesta de reforma fiscal introduce un alivio unilateral a la doble imposición; las empresas tendrían derecho a recibir un crédito fiscal igual al mínimo de la tasa extranjera efectivamente pagada o al 15% de los ingresos pasivos gravables de fuente extranjera.

Las altas tasas sobre los dividendos hacen que Costa Rica no sea un lugar muy atractivo para la IED

Las TET sobre la IED muestran la incidencia combinada del IS y de las retenciones en la fuente sobre la IED en Costa Rica. El recuadro 2.1 presentó las TETP y TETM para las inversiones en diferentes activos y por distintos tipos de empresas nacionales bajo diferentes escenarios de financiación. No obstante, estos resultados reflejan tan solo la tributación efectiva en inversiones nacionales, partiendo de la base de que tanto el inversionista como la empresa están domiciliados en Costa Rica. Una modelización de la tributación efectiva sobre las actividades de las filiales extranjeras de empresas multinacionales conlleva que, además de las características estándar de la tributación nacional, deban tenerse en cuenta los impuestos sobre los flujos transfronterizos y las interacciones entre sistemas tributarios en los países de la fuente y de la residencia.

Los cálculos sobre las tarifas impositivas efectivas deben incluir las tarifas de retenciones en la fuente reducidas establecidas en los convenios fiscales. Aunque en sus legislaciones tributarias nacionales los países definen normalmente un conjunto de retenciones en la fuente estándar sobre los pagos internacionales de dividendos, intereses y regalías, los convenios fiscales bilaterales se suscriben para reducir o eliminar la doble imposición. Para lograrlo, estos acuerdos suelen incluir una reducción recíproca de las retenciones en la fuente, así como disposiciones para aliviar la doble imposición en el receptor (situado en el país de la residencia del inversionista), por ejemplo, en forma de créditos fiscales o exenciones por participación. Como consecuencia de ello, los flujos de ingresos en curso están sujetos, por lo general, a diferentes tasas impositivas según la ubicación del inversionista extranjero. Por el contrario, los flujos de ingresos de entrada pueden recibir diferente trato fiscal en el país de residencia del inversionista, debido a que se originaron en diferentes países. La tributación efectiva de los flujos de entrada y de salida de IED varía, por tanto, entre cada par de países, lo que supone que los análisis dentro de cada país se complican considerablemente.

Los cálculos de las TET sobre la IED varían notablemente de unos países inversionistas a otros, pero son altos para la IED en Costa Rica en comparación con la carga tributaria a la inversión en países similares. El recuadro 2.2 presenta los resultados para TET sobre la IED de entrada, en comparación con las aplicadas sobre inversiones que provienen de un grupo fijo de países inversionistas (es decir, en los que está domiciliada la empresa matriz inversionista) hacia un grupo de países receptores en competencia (es decir en los que tiene lugar la inversión). Entre los inversionistas representados se cuentan las principales economías latinoamericanas incluyendo Argentina, Brasil, Chile, Colombia, México, Perú y Venezuela (tabla 2.4), así como los más importantes de otros continentes (tabla 2.5). El grupo de países receptores de inversión extranjera se ha definido de forma más restringida y se extiende a todos los países centroamericanos, salvo Belice. Además, en este grupo están incluidos otros tres países con niveles similares de PIB per cápita e IED, en concreto la República Dominicana, Ecuador y Uruguay. Las altas retenciones en la fuente en Costa Rica y la limitadísima red de convenios fiscales del país llevan a que sus TET sobre la IED sean elevadas en comparación con las de la mayor parte de los Estados de la región que han utilizado de forma más activa el diseño general de su sistema tributario para atraer la IED.

Para mejorar el clima de inversión en Costa Rica es preciso reformar el sistema de IS en diferentes frentes. Costa Rica ha empezado a fortalecer las normas que protegen la base gravable del IS para evitar la elusión y la evasión de impuestos de las multinacionales. Estas reformas son bien acogidas y se ajustan a las mejores prácticas en el marco internacional. No obstante, han de introducirse en paralelo con otras reformas de política fiscal y, después de un detenido análisis, posiblemente con la ampliación de la red de convenios fiscales del país. En general, las disposiciones de la legislación fiscal de un país empiezan a influir con mayor fuerza en los resultados económicos cuando dificultan que las multinacionales detraigan sus beneficios de un país mediante políticas de precios de transferencia o subcapitalización. En este ambiente de endurecimiento de normatividad y de fiscalización tributaria, la relativamente alta tarifa del IS, las relativamente altas retenciones en la fuente y la ausencia de alivios para evitar la doble imposición internacional, generan más distorsiones. Por otra parte, las menores cargas tributarias en otros países de ALC pueden agravar estos efectos.

Existen diferentes alternativas de reforma fiscal que permitirían mejorar el clima de inversión. Costa Rica podría rebajar su tarifa estándar del IS, aunque probablemente debido a los costos fiscales asociados, esto muy seguramente ocurriría de forma gradual. También puede reducir las retenciones en la fuente estándar o las retenciones en la fuente aplicables a un grupo de países seleccionados mediante la ampliación estratégica de su red de convenios fiscales. Estas diferentes opciones de política fiscal ofrecen distintas ventajas y costos en términos económicos. Una rebaja más extensa de las tarifas del IS y/o una reducción general de las retenciones en la fuente estimularían la inversión transfronteriza, aunque también podrían resultar en ganancias inesperadas para los inversionistas actuales, y conllevarían mayores pérdidas de ingresos fiscales. La última, es una consideración importante a la luz de la urgente necesidad de Costa Rica de equilibrar su déficit presupuestario.

Las decisiones de localización de las inversiones extranjeras están condicionadas por numerosos factores. La mejora del clima de inversión exige una evaluación en profundidad del modo de fortalecer las inversiones, tanto nacionales como extranjeras, en Costa Rica. Los factores que han contribuido a los flujos de entrada de IED a Costa Rica en el pasado no necesariamente bastarán para atraer importantes IEDs en el futuro. Aunque Costa Rica es reconocida, en general, como un destino atractivo para las empresas debido a su fuerza laboral calificada, la estabilidad política del país y su ubicación geográfica, el Gobierno se podría beneficiar de efectuar una evaluación general de su clima de inversión. Dicho análisis tendría que incorporar una valoración del sistema tributario de las empresas, incluyendo un estudio de su amplio régimen de incentivos fiscales; asimismo, tendría en cuenta el sistema tributario del país de residencia del inversionista y, en concreto, si los socios comerciales de Costa Rica y los inversionistas manejan un sistema tributario de renta mundial o territorial, y el tipo de alivios a la doble imposición que manejan. Esta evaluación podría analizar el impacto de determinadas reducciones y desgravaciones fiscales a la carga tributaria global a que se enfrentan los inversionistas extranjeros, así como los incentivos existentes para invertir en Costa Rica.

Recuadro 2.2. **Tarifas de impuestos efectivas de inversión extranjera directa**

Modelo económico y supuestos

El enfoque de modelización utilizado para calcular las TET sobre las inversiones nacionales se ha descrito ya en el recuadro 2.1. Como se ha indicado, el análisis de las TET nacionales tiene en cuenta los tramos de depreciación fiscal, así como los elementos del IRPF que afectan a las decisiones de los accionistas. No obstante, en el contexto internacional hemos adoptado una visión simplificada para centrar el análisis en los efectos de la tributación de las empresas sobre las decisiones sobre IED de las multinacionales. El análisis presupone que la depreciación fiscal sigue estrictamente a la depreciación económica y que los inversionistas están exentos del IRPF; esto es coherente con la observación de que, en el contexto de las empresas multinacionales, un número importante de inversionistas no están domiciliados en

Recuadro 2.2. **Tarifas de impuestos efectivas de inversión extranjera directa** *(continuación)*

el país de la empresa matriz o son inversionistas institucionales que, en general, están exentos de impuestos sobre los dividendos o las ganancias de capital.

Al igual que se hizo anteriormente para las inversiones nacionales, hemos calculado las TETM y TETP, así como el costo de capital en el contexto de las inversiones internacionales. No obstante, en este escenario interesa más la TETP, ya que captura los efectos de la tributación en las decisiones sobre la localización. Esta interpretación equivale al supuesto de que las multinacionales esperan obtener una renta económica, por ejemplo, aprovechando las ventajas específicas de que disfrutan, aunque prefieren localizar su producción solo en algunos países, por cuestiones de economía de escala. En cambio, la TETM en las inversiones internacionales tiene en cuenta el incentivo de las multinacionales por aumentar la escala de la producción en un país de origen dado en el que ya existe una producción en curso.

Para mantener datos comparables con el análisis nacional, hemos adoptado los mismos supuestos en relación con la tasa de rendimientos antes de impuestos (20%) y con la inflación (3.5%) y las tasas de interés reales (12%) en los países de origen. Estos parámetros se mantienen constantes en dichos países de origen para no incluir los efectos de los sistemas tributarios en las tarifas impositivas efectivas. Para los países de ALC suponemos valores equivalentes de inflación y tipos de interés reales; no obstante, para países de residencia fuera de esta región hemos considerado una tasa de inflación de solo el 1.5% de acuerdo, de nuevo, con el promediode 5 años.

Los flujos de ingresos transfronterizos están sujetos a IS y retenciones en la fuente en el país de origen; en el de residencia podrían existir desgravaciones fiscales a los ingresos extranjeros. No obstante, el trato fiscal de estos ingresos varía según los países y puede ser modificado por las disposiciones del convenio acordado. En general, consideramos tres métodos posibles de incentivos: exención, créditos fiscales extranjeros y deducciones. Si el país de la residencia del inversionista ofrece exenciones por participación, los ingresos repatriados, no estarán sujetos a tributación adicional. Con los créditos fiscales por impuestos pagados en el exterior, el país de residencia del inversionista otorga desgravaciones por los impuestos pagados en el país de la fuente de los ingresos, limitados al monto que podría adeudarse en caso de que la producción hubiera tenido lugar en el país de la empresa matriz – país de la residencia del inversionista. En este caso, la compañía en el país de residencia del inversionista podría ser responsable del pago adicional de impuestos en el país de la residencia únicamente si la tarifa del impuesto en este país fuera superior a la del país de la fuente. Las deducciones constituyen el método de alivio para evitar la doble imposición menos favorable. En este caso, los receptores en el país de residencia del inversionista pueden tomar como una deducción de su base gravable, los impuestos pagados en el exterior – en el país de la fuente – lo que supone que, en todo caso, existirá la obligación del pago de impuestos para la empresa receptora en su país de residencia.

Los convenios fiscales pretenden combatir la doble imposición reduciendo las retenciones en la fuente y aportando alivios más generosos para evitar la doble imposición. Los cambios en los métodos de desgravación (p. ej., desde créditos y deducciones hasta las exoneraciones) pueden tener un impacto importante en las TET bilaterales. La red de convenios se convierte así en un elemento fundamental para determinar estas tarifas sobre la IED de entrada en cualquier país receptor de la inversión. En el siguiente sub-apartado se presentan los datos sobre los convenios fiscales y los parámetros relacionados.

En línea con el modelo teórico desarrollado por Devereux y Griffith (1999), consideramos una empresa matriz, localizada en el país de residencia, que realiza una inversión en el país de la fuente – receptor de la inversión extranjera – mediante una filial de la que posee toda la propiedad. En comparación con las empresas nacionales, las multinacionales tienen acceso a un

Recuadro 2.2. **Tarifas de impuestos efectivas de inversión extranjera directa** *(continuación)*

mayor número de posibles alternativas de financiamiento. Por ejemplo, la empresa matriz puede aportar fondos a la filial con deuda interna o capital, así como recabar los fondos necesarios mediante utilidades retenidas, deuda externa o nuevo capital de sus accionistas. De acuerdo con el trabajo de Yoo (2003), limitamos el número de estructuras de financiamiento relevantes a siete:[a] (1) la filial utiliza las utilidades retenidas para financiar la inversión; obtiene nuevo capital de la matriz y esta recurre a (2) las utilidades retenidas, (3) nuevo capital o (4) deuda externa para financiar la emisión de acciones; la filial obtiene un préstamo de la matriz que utiliza (5) las utilidades retenidas, (6) nuevo capital o (7) deuda externa para financiarlo. Sin embargo, en el contexto de las inversiones internacionales no ofrecemos un análisis separado de los efectos que las diferentes estructuras de financiamiento tienen en las TET o en las posibles implicaciones para la planeación fiscal de la multinacional.[b] En su lugar, hemos construido TET ponderadas (o compuestas), con valores asignados iguales para cada estructura de financiamiento, de manera que se produzca una tarifa compuesta que refleje el impacto de los principales parámetros tributarios de interés para las decisiones de inversión internacional.

Resultados empíricos

En las tablas 2.4 y 2.5 se presentan las TETP sobre las inversiones internacionales. Dichas tablas recogen en las filas el conjunto de países receptores de la inversión, y en las columnas los países de residencia del inversionista. La tabla 2.4 incluye los principales países inversionistas de la región indicados anteriormente: Argentina, Brasil, Chile, Colombia, México, Perú y Venezuela. El caso de Costa Rica ilustra que las TETP ponderadas sobre las inversiones extranjeras de cualquiera de estos países de residencia son iguales a 29.5%.[c] Este resultado se debe a las elevadas retenciones en la fuente y tarifas del IS de Costa Rica combinadas con el hecho de que los países de residencia utilizan únicamente créditos fiscales indirectos por los impuestos pagados en los países de la fuente – receptores de la inversión extranjera – como mecanismo para evitar la doble imposición; Costa Rica no cuenta con ningún convenio fiscal con los países de la región. Además, este resultado ilustra que el financiamiento mediante deuda con filiales o las empresas matrices puede llevar a una considerable reducción de las TETP. Como se indicó anteriormente, nuestras TETP compuestas se han preparado aplicando una misma ponderación a cada una de las estructuras de financiamiento; no obstante, los valores considerados según financiamiento con deuda son suficientemente bajos como para situar la TETP compuesta justo por debajo de la tarifa legal del IS del 30%, pese a tener en cuenta las retenciones en la fuente adicionales; en el caso del financiamiento con capital, la TETP se acerca al 40%.

Si se compara el 29.5% con las TETP sobre inversiones en otros países receptores de inversión, se observa que Costa Rica registra el valor más alto en el conjunto de países similares seleccionados (excluidos los seis mayores países latinoamericanos). Aparte de Panamá, la mayoría de los demás países vecinos de América Central no cuentan con una amplia red de convenios; por tanto, los resultados son determinados por las retenciones en la fuente y las tarifas del IS, lo que implica que Costa Rica ocupa un lugar comparativamente alto en TETP con respecto a los países inversionistas de su región. Los otros tres países comparables, la República Dominicana, Ecuador y Uruguay, han desarrollado redes de convenios fiscales que les permiten mejorar las condiciones de inversión hacia y desde otros países de la región o de otras partes del mundo. Entre ellos, Ecuador ofrece las condiciones más beneficiosas para los inversionistas regionales, por ejemplo, mediante el uso de exenciones a la participación en los dividendos; una combinación de bajas retenciones en la fuente y un trato favorable de los ingresos de fuentes extranjeras implica que las TETP compuestas sobre las inversiones en Ecuador se reduzcan al 10.9% y 13.9% cuando provienen de Colombia y Perú, respectivamente.

Recuadro 2.2. **Tarifas de impuestos efectivas de inversión extranjera directa** *(continuación)*

Tabla 2.4. **Tarifas efectivas de tributación promedio sobre las inversiones de países de América Central y América Latina**

	Países inversionistas de ALC						
	Argentina	Brasil	Chile	Colombia	México	Perú	Venezuela
Costa Rica	29.5	29.5	29.5	29.5	29.5	29.5	29.5
El Salvador	25.7	25.1	24.7	29.2	24.7	24.7	25.1
Guatemala	25.5	24.8	21.2	28.9	22.0	22.0	24.8
Honduras	27.1	27.1	27.1	29.2	27.1	27.1	27.1
Nicaragua	25.9	25.9	25.9	29.2	25.9	25.9	25.9
Panamá	25.5	24.8	23.8	28.9	22.0	23.8	24.8
Rep. Dominicana	25.6	25.1	25.1	29.0	25.1	25.1	25.1
Ecuador	25.4	16.3	17.7	10.9	21.9	13.9	24.7
Uruguay	25.5	24.8	22.2	28.9	22.0	22.2	24.8
Argentina	-	30.8	30.5	30.5	32.0	32.0	30.8
Brasil	19.3	-	25.3	29.4	25.3	25.3	25.3
Chile	25.4	24.7	-	28.9	22.0	23.1	42.3
Colombia	33.8	33.8	33.8	-	33.8	29.3	33.8
México	27.1	27.1	24.7	29.2	-	27.1	27.4
Perú	25.6	24.9	21.5	21.2	24.2	-	24.9

Fuente: Los cálculos de los autores se basan en el modelo de TET de la OCDE.

La parte inferior de la tabla 2.4 muestra las TETP compuestas para las inversiones en las grandes economías de América Latina. Aunque estos países han desarrollado extensas redes de convenios fiscales, suelen mantener retenciones en la fuente y tarifas del IS relativamente altas. En consecuencia, las TETP aplicadas a las inversiones de los países de la región son elevadas en términos comparativos y a veces superan el valor de las TETP aplicadas a las inversiones en Costa Rica. No obstante, estas economías son más grandes y diversificadas, con lo que cuentan con una fuerza laboral más cualificada y mejor infraestructura pública, lo que las convierte en un lugar más atractivo que Costa Rica para la inversión extranjera.

La tabla 2.5 muestra las TETP compuestas en inversiones de países seleccionados de otras partes del mundo con la misma relación de países receptores de inversión. En general, las tarifas son inferiores a las de la tabla 2.4. Esto se debe, en parte, al supuesto de que, en línea con lo observado en promedios de 5 años, en los países inversionistas de Europa y América del Norte la inflación se sitúa unos 2 puntos porcentuales por debajo. Como se observó en el contexto de las inversiones nacionales, el IS grava los rendimientos nominales, y la menor inflación reduce así la tributación efectiva. Por ello, la TETP en países de residencia de otras regiones es algo menor, en general, que los valores recogidos en la tabla 2.4.

Al igual que en la tabla anterior, las TETP sobre la inversión en Costa Rica se encuentran entre las más altas de la región, a excepción de España y Alemania, los dos países con los cuales Costa Rica ha suscrito convenios fiscales bilaterales. En ambos casos, el convenio proporciona una reducción en las retenciones en la fuente para pagos al exterior del 15% al 5%, así como una exención completa por participación en el país del receptor – país de residencia del inversionista extranjero. El efecto combinado de estas dos disposiciones equivale a una reducción de unos 5 puntos porcentuales de la TETP compuesta. Al comparar estas TETP en

Recuadro 2.2. **Tarifas de impuestos efectivas de inversión extranjera directa** *(continuación)*

los distintos países receptores de la inversión se confirma la conclusión de que, en ausencia de convenios fiscales bilaterales, estas tarifas sobre las inversiones en Costa Rica son de las más altas de la región. No obstante, estos resultados resaltan también el modo en que otros países de la zona hacen uso de sus redes de convenios fiscales para reducir selectivamente el valor de la TETP. Por ejemplo, Panamá tiene tratados con los Países Bajos, España y el Reino Unido que eliminan totalmente las retenciones en la fuente sobre los pagos de dividendos para ellos. Ecuador y Uruguay ofrecen también ventajas en virtud de sus tratados para varios países inversionistas de la región y de fuera de ella, aunque en la mayoría de los casos las tarifas reducidas se sitúan por encima de 0.

Las mayores economías latinoamericanas han desarrollado una red mucho más densa de convenios bilaterales. Como se observa en la tabla 2.1, México ha suscrito hasta la fecha 56 de estos tratados, mientras que Brasil y Chile cuentan con más de 30. Una política más activa al respecto permite a estos países mejorar las condiciones de inversión con determinados países, lo que posiblemente esté en línea con consideraciones económicas generales y de política comercial. Por tanto, las TETP compuestas sobre las inversiones en estos países, que se recogen en la parte inferior de la tabla 2.5, muestran una variación mucho mayor entre los países inversionistas. Aunque las inversiones en los países sin tratados suscritos con una de estas grandes economías están sujetas, por lo general, a TETP relativamente altas, las nutridas redes de convenios implican que las inversiones del grupo seleccionado de países ajenos a la región suelen ser gravadas a tasas efectivas mucho más bajas. Por ejemplo, las inversiones de países sin tratados en Argentina están sujetas a TETP ligeramente superiores al 30% (véase la tabla 2.4); sin embargo, las inversiones de países con baja inflación con tratados bilaterales en vigor son gravadas con tasas muy por debajo del 20% (véase la tabla 2.5).

Tabla 2.5. **Tasas efectivas de tributación promedio sobre la inversión proveniente de países de otras regiones**

	Otros países inversionistas								
	Bélgica	Canadá	Alemania	Italia	Países Bajos	España	Suiza	Reino Unido	Estados Unidos
Costa Rica	18.8	18.9	13.7	18.9	18.9	13.7	17.3	18.9	18.8
El Salvador	13.7	13.7	13.7	13.7	13.7	11.1	13.4	13.8	17.7
Guatemala	10.2	10.1	10.1	10.2	10.1	10.1	7.2	10.1	17.6
Honduras	16.3	16.3	16.3	16.3	16.3	16.3	13.4	16.3	17.7
Nicaragua	15.0	15.0	15.0	15.0	15.0	15.0	11.5	15.0	17.7
Panamá	12.9	12.9	12.8	12.8	7.3	7.3	10.6	7.3	17.6
Rep. Dominicana	14.2	14.2	14.2	14.2	14.2	8.8	11.4	14.3	17.6
Ecuador	5.0	8.5	5.3	5.3	7.2	5.0	2.1	5.6	17.5
Uruguay	11.3	11.2	10.1	11.2	11.2	7.3	7.2	11.2	17.6
Argentina	19.7	19.7	19.7	19.7	19.8	19.8	17.4	19.8	19.7
Brasil	14.2	14.2	14.2	14.2	14.2	14.2	12.6	14.2	17.8
Chile	6.9	12.2	33.8	33.5	35.1	9.4	13.4	9.4	32.5
Colombia	23.2	23.2	23.2	23.2	23.2	23.2	20.3	23.2	23.1
México	13.7	13.7	13.7	16.3	11.1	13.7	8.3	11.2	17.7
Perú	13.2	13.2	13.2	13.2	14.5	14.5	11.6	15.9	17.6

Fuente: Los cálculos de los autores se basan en el modelo de TET de la OCDE.

Recuadro 2.2. **Tarifas de impuestos efectivas de inversión extranjera directa** *(continuación)*

Notas: a. Debe observarse que, dado que en este análisis estamos excluyendo el IRPF, el número de estructuras de financiamiento se reduce, en realidad, a cinco: financiación a través de utilidades retenidas por la subsidiaria así como deuda o financiación con capital al nivel de la subsidiaria y la matriz.

b. Puede solicitarse el conjunto completo de resultados a los autores.

c. Los cálculos suponen que una filial no inscrita en el mercado de valores efectúa pagos por dividendos a la matriz ubicada en otra jurisdicción, lo que implica que una retención en la fuente del 15% es practicada..

Costa Rica otorga una gama amplia de incentivos fiscales a las empresas

Costa Rica provee una gama amplia de incentivos fiscales para las empresas, que incluye una desgravación fiscal indirecta para el turismo y el sector agrícola, un régimen de ZLC y subsidios fiscales para organizaciones sin fines de lucro. Algunos de estos incentivos carecen de transparencia y los requisitos que deben cumplirse para aspirar a las desgravaciones fiscales no son siempre claros. El sistema ha abierto oportunidades para planeación fiscal agresiva y ha impuesto presión sobre los ingresos derivados del IS. Como parte de esta reforma tributaria, el Gobierno planea reevaluar el actual sistema de incentivos fiscales a las empresas para simplificar su diseño y aumentar la transparencia. La OCDE considera que esta reforma es positiva.

Costa Rica tiene un régimen de ZLC que ofrece una amplia gama de incentivos fiscales.[2] El régimen exime a las utilidades del IS y contempla exenciones para las importaciones y exoneraciones el pago de tributos territoriales. En general, el régimen de ZLC exonera las utilidades del pago de impuestos por un periodo de 8 años y ofrece una reducción del 50% sobre el IS en los 4 años siguientes, aunque existen algunas diferencias según los tipos de actividades y la ubicación de la ZLC (véase la tabla 2.6). Las utilidades de las ventas al mercado nacional se gravan a través de una normativa tributaria independiente.

Tabla 2.6. **Beneficios generales ofrecidos para la mayoría de las empresas que operan bajo el régimen de ZLC**

	Dentro de la GAMA*	Fuera de la GAMA
Beneficios	Exención de IS durante 8 años	Exención de IS durante 12 años
	Además, por 4 años adicionales, reducción del 50% del IS	Además, por 6 años adicionales, reducción del 50% del IS
	Más en total las exenciones durante 10 años por impuestos sobre la propiedad de bienes inmuebles, y sobre la transferencia de bienes inmuebles, las tasas de licencia de las empresas y todos los impuestos sobre remesas del extranjero. Exención del IVA de algunos servicios públicos. Derecho a una bonificación equivalente al 10% de la cantidad abonada para salarios en el año anterior después de la deducción de las contribuciones al seguro social	

*GAMA: Gran Área Metropolitana Ampliada.

Los regímenes de ZLC son habituales en ALC. Muchos países de la región aplican incentivos fiscales sobre los impuestos directos y/o indirectos para la IED. A menudo, algunos consisten en reducciones o exenciones del IS durante un tiempo considerable. Además de Costa Rica, los regímenes de ZLC están presentes, por ejemplo, en Colombia, la República Dominicana, Nicaragua, Honduras, México, Puerto Rico, Chile y Paraguay.

El régimen fiscal de ZLC no reduce la carga efectiva de tributación de la inversión de otros países de la región en Costa Rica (véase la tabla 2.7) si los rendimientos son pagados directamente a la empresa matriz extranjera a título de dividendos o intereses. Aunque el régimen de ZLC en Costa Rica reduce la carga tributaria sobre las inversiones que tienen lugar dentro de su territorio, esto implica que el país de residencia del inversionista podrá recaudar más ingresos fiscales (debido a que deberá proporcionar menores créditos fiscales por impuestos pagados en el exterior) sobre la rentabilidad de la inversión que es pagada directamente a la empresa matriz en el país de la residencia (y no a una entidad localizada en un tercer país o mediante el uso de estrategias que permitan el diferimiento fiscal). En conjunto, la carga tributaria sobre la IED en una ZLC es solo ligeramente inferior a la aplicada en la economía formal de Costa Rica. Se obtiene una conclusión similar para los regímenes de ZLC en otros países de la región; reducen la carga tributaria en el país receptor de la inversión extranjera, pero permiten que el país de la residencia del inversionista recaude ingresos fiscales más elevados. La competencia tributaria en las ZLC entre los países de ALC es especialmente perjudicial para los países pequeños y/o para los que no gravan los ingresos de fuente extranjera, como Costa Rica.

Sin embargo, el régimen fiscal de ZLC reduce de forma significativa la carga tributaria de la IED de los países de otras regiones en Costa Rica, ya que muchos de los países inversionistas de otras regiones aportan exenciones por participación. Incluso, las TETP pueden ser negativas cuando la empresa matriz pueda beneficiarse de la deducibilidad de los intereses en su país de residencia, si se endeuda para financiar la inversión en un régimen de ZLC en Costa Rica.

Aunque el régimen de ZLC podría aportar ventajas económicas al país, sige siendo importante evaluar de manera regular el costo real y los beneficios que genera el régimen. Un análisis continuado de este tipo podría estar soportado a través de una evaluación profunda de la metodología que actualmente se aplica para valorar los costos y beneficios del régimen de ZLC, a fin de comprobar que este planteamiento es coherente con las mejores prácticas a nivel internacional. Los análisis de costos y beneficios deberían centrarse en la inversión, el empleo y la productividad que se generan de manera adicional gracias a la implementación del régimen de ZLC. Asimismo, habría de tenerse en cuenta la carga tributaria relativamente alta impuesta por el sistema fiscal regular, que puede desalentar la inversión interna, así como las distorsiones, generadas por los impuestos, a la competencia en el mercado entre empresas que operen dentro y fuera de las ZLC. La evaluación habría de considerar, asimismo, los incentivos fiscales ofrecidos por otros países de ALC. Este tipo de análisis global permitiría que los costos y los beneficios del régimen de ZLC fueran valorados con regularidad, junto con los cambios y/o las mejoras generadas en el sistema, cuando resultara procedente.

Para cumplir con las reglas de la Organización Mundial del Comercio (OMC), algunas empresas residentes en una ZLC pueden vender bienes y servicios al mercado nacional; algunas limitaciones al monto de las ventas podrían aplicarse. Las utilidades obtenidas sobre las ventas al mercado nacional suelen tributar a la tarifa estándar del IS. Los flujos entre la economía nacional y el régimen de ZLC llevan a que surjan oportunidades de evasión de impuestos, ya que las empresas con filiales en los dos ámbitos –economía nacional regular y ZLC– podrían intentar transferir la mayor cantidad posible de utilidades a su filial en la ZLC. El régimen de precios de transferencia debería aplicarse y hacerse cumplir a las empresas localizadas en las ZLC.

Recuadro 2.3. **Tasa efectiva de tributación sobre IED en Zonas de Libre Comercio**

Como se ha señalado en el texto principal, varios países de la región han introducido zonas de libre comercio (ZLC) para estimular la inversión extranjera directa. A diferencia de los convenios fiscales bilaterales, las ZLC ofrecen ventajas fiscales a la inversión extranjera, con independencia de la localización de las empresas matrices o de los accionistas involucrados. Aunque las ZLC suelen ofrecer beneficios en relación con distintos impuestos, los cálculos que se ofrecen a continuación se centran únicamente en los incentivos fiscales para las empresas que están disponibles en las ZLC en Costa Rica, El Salvador, Colombia, México y la República Dominicana.

Como se muestra en la tabla 2.7, las ZLC en Costa Rica, El Salvador y la República Dominicana ofrecen una exención inicial del 100% de las utilidades generadas en las zonas en cuestión, sujeto a límites de tiempo determinados; los beneficios pueden extenderse a múltiples períodos o se aplica una reducción gradual a la exención aplicable. Mientras en la República Dominicana los pagos por dividendos de las empresas localizadas en la ZLC siguen siendo gravados, en Costa Rica y El Salvador se aplican exenciones a estos tipos de pagos. En Colombia, las utilidades generadas en la ZLC están sujetas a una tarifa de IS preferente del 20% y los dividendos tributan a las tarifas generales. Por su parte, México no contempla ninguna tarifa preferencial, pero exime de retenciones en la fuente el pago de dividendos de fuente en la ZLC.

Tabla 2.7. **TETP sobre inversiones de países de la región en zonas de libre comercio**

	ZLC: Países inversionistas de la región de America Latina y el Caribe						
	Argentina	Brasil	Chile	Colombia	México	Perú	Venezuela
Costa Rica	24.8	24.1	17.0	28.3	21.2	21.2	24.1
El Salvador	24.8	24.1	17.0	28.3	21.2	21.2	24.1
Dominican Rep.	24.8	24.1	17.0	28.3	21.2	21.2	24.1
Colombia	25.3	24.6	20.4	-	21.8	15.8	24.6
México	25.7	25.1	22.3	29.2	-	22.3	25.4

Fuente: Los cálculos de los autores se basan en el modelo de tarifas impositivas efectivas de la OCDE.

En las tablas 2.7 y 2.8 se resumen las TETP sobre las inversiones en la ZLC en los países receptores de la inversión respectivos. Como era de esperar, La TETP sobre las inversiones en Costa Rica, El Salvador y la República Dominicana no varía entre los países inversionistas, porque, en ausencia de exenciones a la participación, la tributación efectiva se determina en virtud de las tarifas del IS aplicable en los países de residencia del inversionista (véase la tabla 2.7). Al comparar los resultados con las TETP, la tabla 2.5 muestra que las reducciones globales en la tributación efectiva debido a la ZLC son limitadas, sobre todo para inversiones de países con tarifas impositivas del IS relativamente altas, como, por ejemplo, Argentina, Brasil, Colombia y Venezuela. Para inversiones provenientes de estos países en Costa Rica, la TETP disminuye solo entre 1 y 5 puntos porcentuales, por el hecho de que actualmente pueden reclamarse menos créditos fiscales por impuestos pagados en el exterior en los países de residencia (es decir, los ingresos fiscales se trasladan desde los países de la fuente o receptores de la inversión, a los de residencia). No obstante, el caso de Chile muestra que las ZLC tienen efectos más fuertes en la TETP cuando las tarifas del IS son sustancialmente menores en los países de residencia (12.5 puntos porcentuales para Costa Rica). Como era de esperarse, los efectos de las ZLC en México y Colombia son menores; no obstante, la exención por participación para los pagos de dividendos de Colombia a Perú tiene, en la actualidad, un efecto más notorio.

Recuadro 2.3. **Tasa efectiva de tributación sobre IED en Zonas de Libre Comercio** *(continuación)*

Tabla 2.8. **TETP sobre inversiones provenientes de países de otras regiones en zonas de libre comercio**

	ZLC: Otros países inversionistas								
	Bélgica	Canadá	Alemania	Italia	Países Bajos	España	Suiza	Reino Unido	Estados Unidos
Costa Rica	-10.5	8.3	-10.6	-10.6	7.0	-11.7	-13.3	-11.7	17.4
El Salvador	-10.5	8.3	-10.6	-10.6	7.0	-11.7	-12.0	-11.7	17.4
Dominican Rep.	-3.4	8.3	-3.5	-3.4	7.0	-11.7	-7.1	-4.2	17.4
Colombia	9.6	9.4	9.5	9.5	9.4	9.4	6.5	9.5	17.5
México	11.2	11.1	11.1	11.2	11.1	11.1	8.3	11.2	17.7

Fuente: Los cálculos de los autores se basan en el modelo de TET de la OCDE.

En la tabla 2.8 se muestra un resultado diferente. Como muchos países inversionistas de otras regiones contemplan exenciones por participación en dividendos, como sucede en Bélgica, Alemania, Italia, España, Suiza y el Reino Unido, los efectos de las ZLC son mucho más notorios. En estos casos, las TETP sobre inversiones financiadas con deuda se vuelven negativas, debido a que las empresas matrices se benefician de la deducibilidad de intereses, aunque no tengan responsabilidad fiscal en el país de residencia; para los países de residencia con exenciones por participación, este efecto alcanza suficiente valor como para producir una TETP compuesta negativa. Como se indicó para la tabla 2.7, la TETP es la misma en Costa Rica y El Salvador para inversionistas de un país de residencia dado; sin embargo, para los inversionistas en la República Dominicana es algo más elevada, debido a que todavía se recauda la retención en la fuente sobre dividendos. Si se ofrece una desgravación fiscal en forma de créditos fiscales por impuestos pagados en el exterior, los efectos de las ZLC vuelven a ser más pronunciados para las inversiones que provienen de países con tarifas bajas del IS, como Canadá y los Países Bajos. Por su parte, las inversiones de los Estados Unidos se mueven aproximadamente con la misma TETP, debido a la tarifa del IS que es comparativamente alta.

Costa Rica debe realizar más avances en la implementación del proyecto de lucha contra la erosión de la base imponible y el traslado de beneficios (BEPS por sus siglas en inglés)[3]

La protección de las bases gravables nacionales frente a la elusión y evasión de impuestos a escala internacional es una prioridad. El concepto de BEPS surge cuando las empresas pueden aprovechar las insuficiencias y los tratamientos tributarios diferentes en los sistemas tributarios de diferentes países; BEPS afecta negativamente los ingresos fiscales, así como la eficacia y la capacidad de los sistemas tributarios de crear igualdad de condiciones para todas las empresas. Aunque el proyecto BEPS es objeto de atención mundial, resulta especialmente importante para las economías emergentes y en vías de desarrollo en las que la legislación tributaria y su administración se esfuerzan por combatir las complejidades de los negocios modernos. Además, la alta tarifa del IS en Costa Rica se traduce en un riesgo considerable de elusión de impuestos y, por lo tanto, de pérdidas de ingresos fiscales. Si no se aplican medidas eficaces contra la elusión de impuestos, las empresas multinacionales que invierten en Costa Rica podrían obtener ventajas tributarias sustanciales mediante la implementación de estrategias que permiten obtener BEPS para trasladar los beneficios fuera del país. Con el fin de evitar estas prácticas y de favorecer que se recaude una justa porción de impuestos sobre las utilidades obtenidas en el país receptor de la inversión, Costa Rica debe reforzar sus normas de protección de la base gravable.

Costa Rica ha acordado aplicar los cuatro estándares mínimos establecidas recientemente por la Comisión BEPS. Costa Rica ha tomado parte activamente en el proyecto BEPS de la OCDE y el G20. Para garantizar una aplicación global coherente en la puesta en marcha de este proyecto, los Estados miembros de la OCDE y el G20 han desarrollado el Marco Inclusivo sobre BEPS, que permite a los países y jurisdicciones interesadas trabajar junto con los miembros de la OCDE y el G20 para desarrollar normas sobre cuestiones relacionadas con BEPS, así como revisar y supervisar la implementación del paquete de medidas para la aplicación del proyecto BEPS. La primera reunión del Marco Inclusivo tuvo lugar en junio y julio de 2016, y Costa Rica participó en ella y convino aplicar los cuatro estándares mínimos. En agosto de 2016, las autoridades tributarias costarricenses establecieron una Comisión BEPS para trabajar en un marco regulador a escala nacional que pusiera en marcha el Plan de Acción del proyecto BEPS.

Todos los países que participan en el Marco Inclusivo deben implementar los cuatro estándares mínimos, y su aplicación será objeto de revisión por otros miembros. Los cuatro estándares mínimos se refieren a: prácticas tributarias perniciosas (acción 5) (OCDE, 2015b); impedir la utilización abusiva de convenios fiscales (acción 6) (OCDE, 2015e); informes país por país (acción 13) (OCDE, 2015c), y mecanismos de resolución de controversias (acción 14) (OCDE, 2015d). El Marco Inclusivo está desarrollando un sólido proceso para la valoración de la aplicación de los estándares mínimos del proyecto BEPS por todos los países, revisión que se llevará a cabo por otros miembros de este Marco.

Recuadro 2.4. **Un paquete integral de medidas para la aplicación del proyecto BEPS**

El proyecto BEPS de la OCDE y el G20 concretó un Plan de Acción en 15 puntos que incluía estándares mínimos, metodologías comunes, mejores prácticas y nuevas directrices sobre las principales áreas de políticas.

- Se han acordado estándares mínimos en los ámbitos de la lucha contra las prácticas tributarias perniciosas (acción 5), la prevención de la utilización abusiva de convenios fiscales (acción 6), los informes país por país (acción 13) y la mejora de la resolución de controversias (acción 14). Todos los países participantes deben aplicar estos estándares mínimos, y su implementación estará sujeta a revisión entre pares.
- Se ha definido una metodología común, que facilitará la convergencia de las prácticas nacionales en los países interesados, para limitar la erosión de la base gravable a través de gastos financieros (acción 4) y para neutralizar los desajustes provocados por mecanismos híbridos (acción 2). Las mejores prácticas para aquellos países que persiguen reforzar su legislación nacional se presentan pilares fundamentales de transferencia fiscal internacional a través de las normas CFC (*Controlled-Foreign-Corporation*) (acción 3) y la revelación obligatoria por los contribuyentes de sus transacciones, disposiciones o estructuras agresivas o abusivas (acción 12).
- La definición de establecimiento permanente (EP) en el modelo de convenios fiscales de la OCDE se ha modificado para evitar la elusión artificiosa del estatus de EP mediante la articulación de contratos de comisión y estrategias análogas (acción 7). Trabajo de seguimiento adicional se viene ejecutando desde 2016 y aportará también directrices adicionales sobre la atribución de beneficios en los EP. En lo referente a los precios de transferencia, se han llevado a cabo importantes aclaraciones para definir la transacción real, así como el trato de los riesgos y los activos intangibles. Asimismo, se ha mejorado la orientación sobre otras cuestiones para garantizar que los resultados de los precios de transferencia están en línea con la creación de valor (acciones 8-10).

Recuadro 2.4. **Un paquete integral de medidas para la aplicación del proyecto BEPS** *(continuación)*

- Se espera que los cambios en la definición de EP, las aclaraciones sobre los precios de transferencia y las directrices acerca de las normas CFC aborden, los riesgos de BEPS agravados por la economía digital. Se consideraron otras opciones, incluyendo un nuevo nexo en forma de una presencia económica importante, pero en esta fase se optó por no emitir recomendaciones al respecto, considerando las otras recomendaciones, y, adicionalmente, que los impuestos sobre el valor agregado (IVA) facilitarán el recaudo de dichos impuestos (acción 1).
- Se desarrollará un instrumento multilateral para facilitar la modificación de los convenios fiscales bilaterales (acción 15). Los cambios realizados en los tratados existentes abordarán los estándares mínimos para evitar la utilización abusiva de los convenios, así como la definición actualizada de los EP.

En la reunión de los ministros de Economía y Finanzas del G20 en febrero de 2016 se apoyó explícitamente el Marco Inclusivo para la aplicación global del proyecto BEPS, con lo que se reiteró el compromiso contraído en cuanto a la puesta en marcha a tiempo del proyecto y su continuo seguimiento, así como con respecto al compromiso de abordar las cuestiones relacionadas con BEPS de manera que se consiga un enfoque consistente a nivel global. Costa Rica es miembro del Marco Inclusivo sobre BEPS.

A partir de este análisis pueden obtenerse las siguientes recomendaciones sobre política fiscal:

Recomendaciones

- Simplificar el esquema de depreciación fiscal, agrupando los activos en clases de activos amplias.
- Abordar la asimetría entre deuda y capital, preferiblemente aumentando las retenciones en la fuente sobre el pago de intereses hasta, como mínimo, el nivel de dividendos, aunque sería preferible un valor superior.
- Con el tiempo, considerar la aplicación de impuestos sobre ganancias de capital a nivel individual y reducir la tarifa estándar del IS de las empresas.
- Introducir una norma de limitación de intereses como se prevé en la propuesta de reforma fiscal.
- Gravar todas las ganancias de capital, habituales o no, según lo planeado bajo el IS.
- Aplicar definiciones claras y transparentes de territorialidad.
- Introducir alivios para evitar la doble imposición por las retenciones en la fuente practicadas en el exterior sobre los ingresos pasivos de fuente extranjera.
- Garantizar que los costos en los que incurren las empresas para obtener ingresos pasivos de fuente extranjera solo puedan deducirse de dichos ingresos y no de los ingresos activos de fuente local.
- Aplicar los estándares mínimos del proyecto BEPS de la OCDE y el G20.
- Considerar las ventajas de ampliar estratégicamente la red de convenios fiscales de Costa Rica.
- Realizar un análisis profundo de costos y beneficios de los incentivos fiscales otorgados a las empresas, incluyendo del régimen de ZLC.

Notas

1. Por ejemplo, DGT-R-032-2014, del 6 de agosto de 2014; DGT-755-2008, del 21 de noviembre de 2008; DGT-066-2008, del 21 de enero de 2016.

2. Costa Rica es miembro del Marco Inclusivo sobre BEPS. Como parte del proceso de revisión -*peer review*- del Marco Inclusivo, el régimen de ZLC de Costa Rica está siendo evaluado por el Foro de Prácticas Tributarias Perniciosas (FHTP, *Forum on Harmful Tax Practices*) para valorar su cumplimiento con los estándares mínimos desarrollado como parte de la acción 5 del proyecto BEPS. Este Análisis de Política Tributaria no valora el cumplimiento de Costa Rica con dichos estándares y nada en el informe debe tomarse como una valoración oficial del FHTP.

3. Este artículo no efectúa un análisis pormenorizado de la medida en la que Costa Rica ha implementado los estándares mínimos del paquete BEPS. El Marco Inclusivo sobre BEPS está desarrollando un proceso sólido para la evaluación en revisión entre pares de la aplicación de las normas mínimas del proyecto BEPS por todos los países; tal será el foro apropiado para emprender dichas evaluaciones.

Bibliografía

Artana, D. e I. Templado (2015), "La eficacia de los incentivos fiscales. El caso de las zonas francas de exportación de Costa Rica, El Salvador, y República Dominicana", Banco Interamericano de Desarrollo, IDB-DP-377.

Bachas, P. y M. Soto (2016), "Not (ch) your average tax system: corporate taxation under weak enforcement", Working Paper, https://www8.gsb.columbia.edu/faculty-research/sites/faculty-research/files/finance/Applied%20Microeconomics/Fall%202016/Corporate_tax_elasticity_BachasSoto_2016%20(1).pdf.

BID (2013), *More than Revenue. Taxation as a Development Tool*, Banco Interamericano de Desarrollo.

Brys, B., S. Perret, A. Thomas y P. O'Reilly (2016), "Tax design for inclusive economic growth", *OECD Taxation Working Papers*, No. 26, OECD Publishing, Paris, http://dx.doi.org/10.1787/5jlv74ggk0g7-en.

Carrillo, P., D. Pomeranz y M. Singhal (2014), "Dodging the taxman: firm misreporting and limits to tax enforcement", *Harvard Business School Working Papers* 15-026.

Cnossen, S. (1996), "Company taxes in the European Union: criteria and options for reform", *Fiscal Studies*, Vol. 17, No. 4, pp. 67-97.

de Mooij, R. y M. Devereux (2011), "An applied analysis of ACE and CBIT reforms in the EU", International Tax and Public Finances, 10.1007/s10797-010-9138-8.

Faria, A. (1995), "Source Versus Residence Principle", in *Tax Policy Handbook,* Fondo Monetario Internacional, Washington D.C.

FMI (2014), "Spillovers in international corporate taxation", *IMF Policy Paper*, Fondo Monetario Internacional, www.imf.org/external/pp/ppindex.aspx.

Hajkova, D. et al. (2006), "Taxation, business environment and FDI location in OECD countries", *OECD Economics Department Working Papers*, No. 502, OECD Publishing, Paris, http://dx.doi.org/10.1787/874058477248.

Hanappi, T. (Pendiente de publicación), "Loss carry over provisions: measuring effects on tax symmetry and automatic stabilisation", *OECD Taxation Working Papers*, OECD Publishing, Paris.

Harding, M. (2013), "Taxation of dividend, interest, and capital gain income", *OECD Taxation Working Papers,* No. 19, OECD Publishing, Paris, http://dx.doi.org/10.1787/5k3wh96w246k-en.

Hellerstein, W. (2009), "Jurisdiction to impose and enforce income and consumption taxes: towards a unified conception of nexus in value added tax and direct tax: similarities and differences", IBFD, Los Países Bajos.

Kleven, H., M.Knudsen, K. Kreiner, S. Pedersen y E. Sanz (2011), "Unwilling or unable to cheat: evidence from a tax audit experiment in Denmark", *Econometrica* Vol. 79 (No. 3), pp. 651-692.

Largaespada, M. (2014), "Nicaragua, tercer país donde más invierten los ticos", *El Nuevo Diario*, 13 de febrero de 2014, San José de Costa Rica, http://www.elnuevodiario.com.ni/nacionales/311057-nicaragua-tercer-pais-donde-mas-invierten-ticos/, (recuperado el 13 de febrero de 2017).

OCDE (2015a), *Taxation of SMEs in OECD and G20 Countries*, OECD Publishing, Paris, http://dx.doi.org/10.1787/9789264243507-en.

OCDE (2015b), *Countering Harmful Tax Practices More Effectively, Taking into Account Transparency and Substance, Action 5 – 2015 Final Report*, OECD Publishing, Paris, http://dx.doi.org/10.1787/9789264241190-en.

OCDE (2015c), *Transfer Pricing Documentation and Country-by-Country Reporting, Action 13 – 2015 Final Report*, OECD Publishing, Paris, http://dx.doi.org/10.1787/9789264241480-en.

OCDE (2015d), *Making Dispute Resolution Mechanisms More Effective, Action 14 – 2015 final report*, OECD Publishing, Paris, http://dx.doi.org/10.1787/9789264241633-en.

OCDE (2015e), *Preventing the Granting of Treaty Benefits in Inappropriate Circumstances, Action 6 – 2015 Final Report*, OECD Publishing, Paris, http://dx.doi.org/10.1787/9789264241695-en.

OCDE (2015f), *Limiting Base Erosion Involving Interest Deductions and other Financial Payments, Action 4 – 2015 final report*, OECD Publishing, Paris, http://dx.doi.org/10.1787/9789264241176-en.

OCDE (2015g), *Neutralising the Effects Of Hybrid Mismatch Arrangements, Action 2 – 2015 Final Report*, OECD Publishing, Paris, http://dx.doi.org/10.1787/9789264241138-en.

OCDE (2015h), *Designing Effective Controlled Foreign Company Rules, Action 3 – 2015 Final Report*, OECD Publishing, Paris, http://dx.doi.org/10.1787/9789264241152-en.

OCDE (2015i), *Mandatory Disclosure Rules, Action 12 – 2015 Final Report*, OECD Publishing, Paris, http://dx.doi.org/10.1787/9789264241442-en.

OECD (2015j), *Preventing the Artificial Avoidance of Permanent Establishment Status, Action 7 – 2015 Final Report*, OECD Publishing, Paris, http://dx.doi.org/10.1787/9789264241220-en.

OCDE (2015k), *Aligning transfer pricing outcomes with value creation, Actions 8-10 – 2015 Final Report*, OECD Publishing, Paris, http://dx.doi.org/10.1787/9789264241244-en.

OCDE (2015l), *Addressing the tax challenges of the digital economy, Action 1 – 2015 Final Report*, OECD Publishing, Paris, http://dx.doi.org/10.1787/9789264241046-en.

OCDE (2015m), *Developing a multilateral instrument to modify bilateral tax treaties, Action 15 – 2015 Final Report*, OECD Publishing, Paris, http://dx.doi.org/10.1787/9789264241688-en.

OCDE (2015n), *Measuring and monitoring BEPS, Action 11 – 2015 final report*, OECD Publishing, Paris, http://dx.doi.org/10.1787/9789264241343-en.

OCDE (2013), *Action Plan on Base Erosion and Profit Shifting*, OECD Publishing, Paris, http://dx.doi.org/10.1787/9789264202719-en.

OCDE (2010), *Tax Policy Reform and Economic Growth*, OECD Publishing, Paris, http://dx.doi.org/10.1787/9789264091085-en.

OCDE (2009), "Depreciation or consumption of fixed capital", in *Measuring Capital – OECD Manual 2009: Second edition*, OECD Publishing, Paris, http://dx.doi.org/10.1787/9789264068476-8-en.

OCDE (2007), *Fundamental Reform of Corporate Income Tax*, OECD Publishing, Paris, http://dx.doi.org/10.1787/9789264038127-en.

OCDE (2001), *Corporate Tax Incentives for Foreign Direct Investment*, OECD Publishing, Paris, http://dx.doi.org/10.1787/9789264188402-en.

PROCOMER, COMEX & CINDE (2016), *Balance de las Zonas Francas: Beneficio Neto del Régimen para Costa Rica 2011-2015.*

PWC (2013), "Evolution of territorial tax systems in the OECD", preparado para el Technology CEO Council, www.techceocouncil.org/clientuploads/reports/Report%20on%20Territorial%20Tax%20Systems_20130402b.pdf.

Schon, W. (2010), "Persons and territories: on international allocation of taxing rights", *British Tax Review*, No.6, pp. 554-562, http://hdl.handle.net/11858/00-001M-0000-0011-3DD4-2.

Tadmore, N. (2007), "Source taxation of cross-border intellectual supplies-concepts, history and evolution into the digital age", *Bulletin for International Taxation*, pp. 2-16.

Van der Schoor, L., A. Saleh y M. Guruswamy (2016), *Incentives Awarded Across Free Zones: Onfirming the Transition to 'Free Zones of the Future?'*, https://www.worldfzo.org/AnnualReports/Incentives%20Research%20Paper.pdf.

Zee, H., J. Stotsky y E. Ley. (2002), "Tax incentives for business investment: a primer for policy makers in developing countries", *World Development* No. 9, 30, pp. 1497-1516.

Zolt, E. (2015), "Tax incentives: an overview of key concepts and issues", *Capacity Development Programme in International Tax Cooperation*, http://siteresources.worldbank.org/INTTPA/Resources/EassonZoltPaper.pdf.

Capítulo 3

Fortalecimiento del papel del impuesto sobre la renta de las personas físicas en Costa Rica

Este capítulo analiza el diseño del impuesto sobre la renta de las personas físicas (IRPF) en Costa Rica, incluyendo los tramos impositivos y el umbral a partir del cual los contribuyentes comienzan a pagar el impuesto, la progresividad del mismo, su sistema de retenciones y su diseño por tramos bajo los cuales son gravados los diferentes tipos de rentas del trabajo, así como los niveles de elusión y evasión fiscal por parte de los profesionales liberales. El capítulo aborda también el diseño de las contribuciones al sistema de seguridad social (CSS), centrándose en el nivel de las tarifas y en el umbral de contribución mínimo, así como en su efecto sobre los incentivos para trabajar en el ámbito de la economía formal. Igualmente, se analizan las consecuencias de la falta de integración entre los sistemas de los IRPF y de las CSS. Las cuotas fiscales sobre las rentas del trabajo medias y marginales muestran el efecto combinado de los IRPF, y las CSS, sobre los incentivos al trabajo.

Los datos estadísticos para Israel son suministrados por y bajo la responsabilidad de las autoridades israelíes competentes. El uso de estos datos por la OCDE es sin perjuicio del estatuto de los Altos del Golán, Jerusalén Este y los asentamientos israelíes en Cisjordania bajo los términos del derecho internacional.

Costa Rica depende, en gran medida, de las CSS, mientras que el IRPF desempeña un papel limitado

Los ingresos de las CSS suponen una parte muy importante de los ingresos tributarios totales. Como se indicó en el capítulo 1, las CSS sumaban en 2014 en torno al 34% de la recaudación tributaria total de Costa Rica, muy por encima del promedio de la región de América Latina y el Caribe (ALC), que es del 16.4% (véase la figura 3.1). Panamá es el único país de esta región con un porcentaje relativo mayor de CSS sobre el total recaudado. El porcentaje de las CSS en la recaudación tributaria total costarricense supera también la media de los Estados miembros de la OCDE, en los que las CSS suponen una fuente importante de los ingresos tributarios y constituyen en torno a la cuarta parte de la recaudación tributaria total.

Figura 3.1. **Contribuciones al sistema de seguridad social como parte de la recaudación tributaria total en 2014**

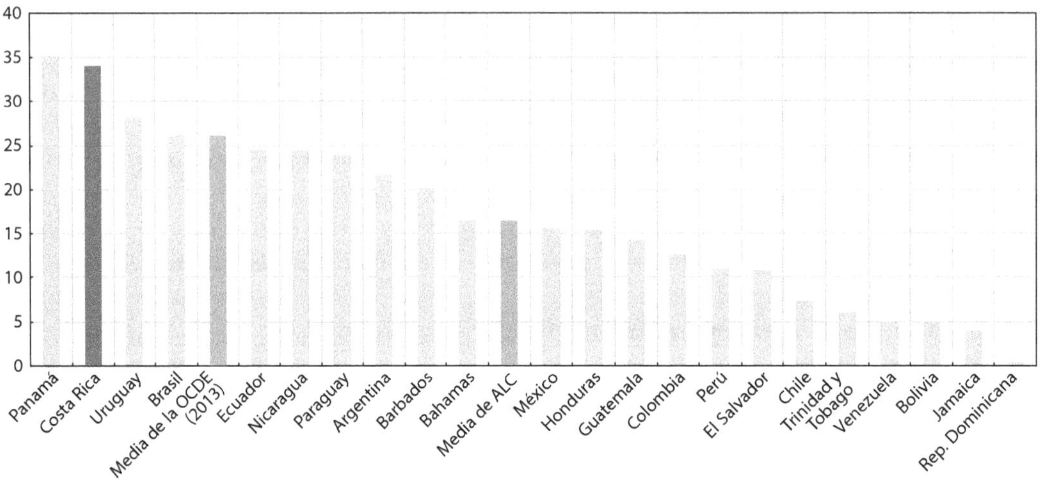

StatLink http://dx.doi.org/10.1787/888933545424

Fuente: OCDE/BID/CIAT (2016), *Taxing Wages in Latin America and the Caribbean 2016*, OECD Publishing, Paris.

Por otra parte, el IRPF representa una parte muy reducida de la recaudación tributaria total en Costa Rica. En 2014, la recaudación por el IRPF supuso tan solo el 5.8%, aproximadamente, del total recaudado por la administración costarricense. Este porcentaje es muy bajo en comparación con el de los Estados miembros de la OCDE, en los que ese mismo año supuso, como promedio, el 24% de la recaudación tributaria. Los ingresos de Costa Rica por el IRPF son bajos también si se comparan con los países de la región de ALC, aunque ello es una característica común de la región. Muchos países de la región de ALC recaudan menos del 10% del total por el IRPF (véase la figura 3.2).

Una gran parte de los ingresos salariales está exenta del IRPF, lo que significa que son muy pocos los contribuyentes que lo pagan. Los empleados costarricenses tributan por el IRPF solo por ingresos superiores al 150% del salario promedio. El umbral libre de impuestos es alto en comparación con el de los países de la región de ALC, donde, como promedio, los contribuyentes empiezan a pagar el impuesto cuando reciben ingresos superiores a un umbral equivalente a 0.99 veces el salario promedio (véase la figura 3.3).

El umbral costarricense es elevado también en relación con la práctica común en los Estados miembros de la OCDE, donde, como promedio, el impuesto empieza a pagarse con ingresos superiores a una tercera parte del salario promedio, aunque existen importantes diferencias entre los países (OCDE, 2012). Debido a este umbral tan elevado en Costa Rica, solamente 88 684 personas (cerca del 2% de la población) tributaron en 2015 fueron contribuyentes del IRPF, lo que erosiona de forma notable la recaudación fiscal potencial.

Figura 3.2. **IRPF como parte de la recaudación tributaria total en 2014**

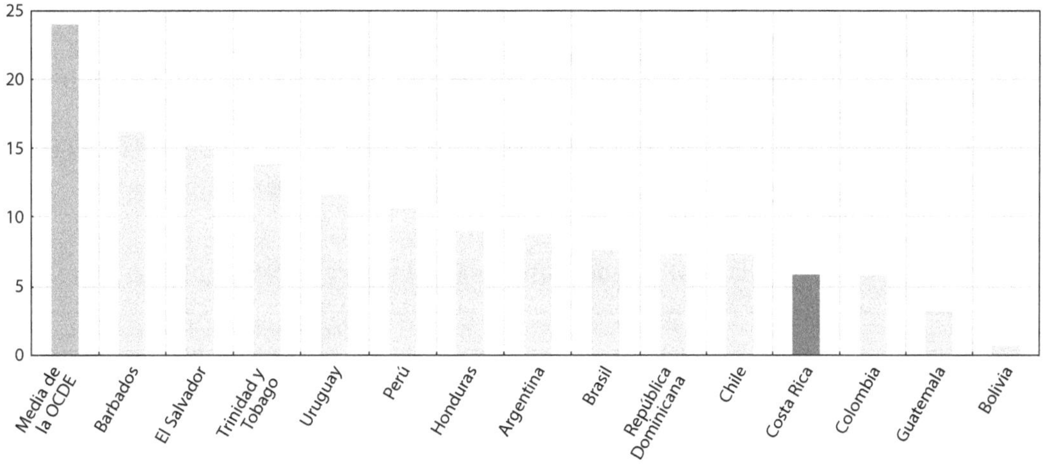

StatLink http://dx.doi.org/10.1787/888933545443

Nota: No se dispone de datos referidos a Bahamas, Ecuador, Jamaica, México, Nicaragua, Panamá, Paraguay ni Venezuela.

Fuente: OCDE/BID/CIAT (2016), *Taxing Wages in Latin America and the Caribbean 2016*, OCDE Publishing, Paris.

Figura 3.3. **Umbrales sobre los cuales los individuos empiezan a pagar el IRPF, medidos como múltiplo del salario promedio en USD en 2013**

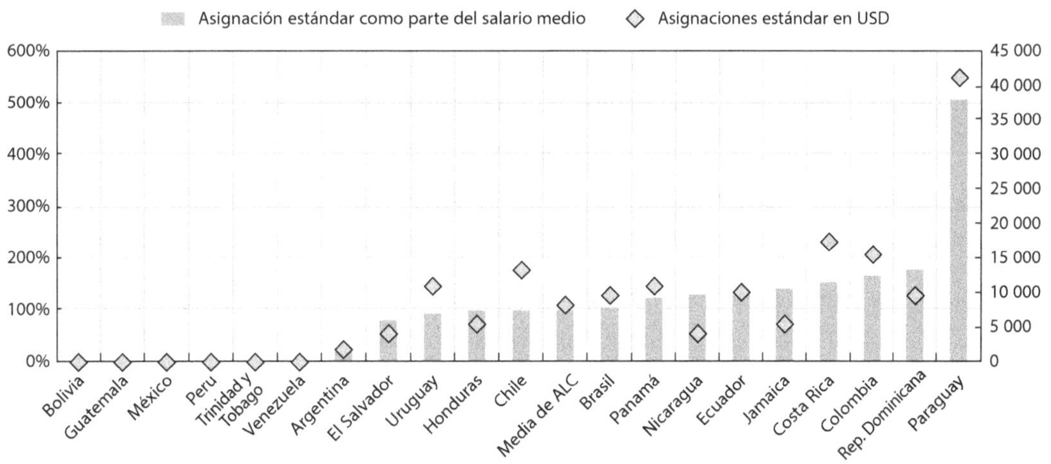

StatLink http://dx.doi.org/10.1787/888933545462

Fuente: Barreix, A., J. C. Benitez y M. Pecho (Pendiente de publicación). "Revisiting Personal Income Tax", *OECD Development Centre Working Papers*, OECD Publishing, Paris.

Adicionalmente, las tarifas del IRPF son bajas. En 2017, el pago del IRPF se dividía en tres tramos. Sobre el empleo, estas tarifas oscilaban entre el 0% para los ingresos mensuales de hasta CRC 793 000 (EUR 1 320) y el 10% y 15% para los superiores a CRC 1 190 000 (EUR 1 980).

Por otra parte, las tasas de CSS son elevadas. Los empleados de Costa Rica deben contribuir un total del 9.34% de sus ingresos brutos mensuales. Son los empleadores quienes retienen sus contribuciones pero éstas –a diferencia de lo que sucede en la mayoría de los Estados miembros de la OCDE– no son deducibles de la base gravable del IRPF a pagarse sobre el empleo;[1] en la práctica, el resultado es un aumento de la carga tributaria sobre los empleados. Además, los empleadores han de contribuir el 26.33% de los salarios de sus trabajadores, que pueden deducir como costos. Estas CSS sirven para cubrir la salud y las pensiones que se pagan a la Caja Costarricense del Seguro Social (CCSS), el seguro de desempleo, las asignaciones familiares y las pensiones complementarias, así como algunas contribuciones adicionales. Por último, a diferencia de los países de la OCDE, el Estado paga también una pequeña parte de las CSS (véase la tabla 3.1).

Tabla 3.1. **Tasas de contribución al seguro social**

	Empleado	Empleador	Estado
Pensiones de jubilación	2.84%	5.08%	0.57%
Salud	5.50%	9.25%	0.25%
Seguro de desempleo		3.00%	
Asignaciones familiares (Fondo de Desarrollo Social y Asignaciones Familiares [FODESAF])		5.00%	
Tasa del Banco Popular	1.00%	0.50%	
Pensiones complementarias		1.50%	
Instituto Nacional de Aprendizaje (INA)		1.50%	
Instituto Mixto de Ayuda Social (IMAS)		0.50%	
Total	**9.34%**	**26.33%**	**0.82%**

Las altas CSS, sobre todo para los empleadores, hacen que una parte muy importante de la responsabilidad tributaria recaiga sobre las rentas del trabajo. La figura 3.4 compara la carga tributaria sobre los trabajadores individuales que perciben el salario promedio en los distintos países de la región de ALC. El valor promedio de esta carga sobre los empleados se mide en forma de una cuña fiscal promedio, que expresa todos los impuestos (IRPF, y las CSS de los empleados y los empleadores) como un porcentaje de los costos totales del trabajo (salario bruto más contribución del empleador). La cuña fiscal para un empleado costarricense promedio alcanzó el 28% en 2013, un valor bastante alto con respecto al promedio de la región de ALC (21.7%). En Costa Rica, esta cuña fiscal promedio sigue estando por debajo del promedio de la OCDE, pero se debe, principalmente, a que los trabajadores costarricenses que perciben el salario promedio no pagan el IRPF; por el contrario, en la OCDE éste contribuye de forma significativa a las cuñas fiscales. Las CSS de los empleadores representan casi tres cuartas partes de la cuña fiscal total del trabajador medio en Costa Rica.

Figura 3.4. **Cuñas fiscales promedio para un individuo soltero que percibe el salario promedio en países de la región de ALC en 2013**

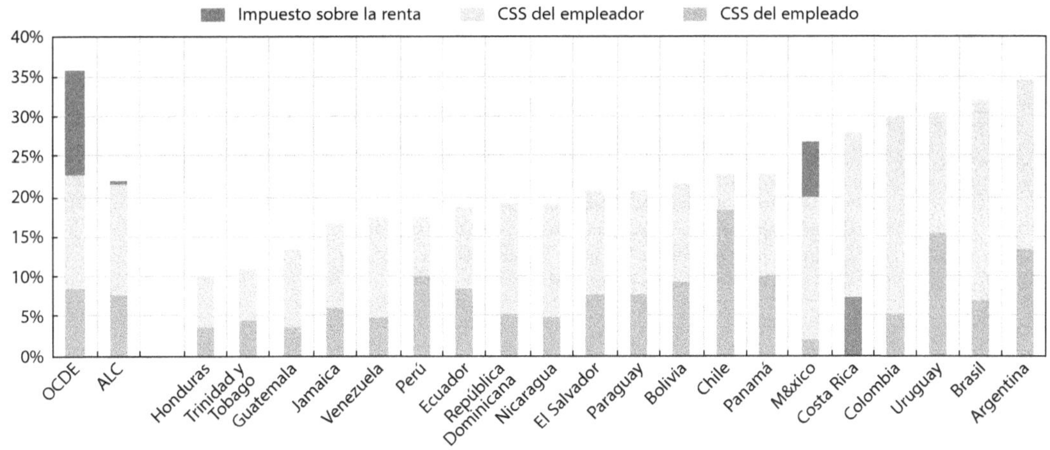

StatLink http://dx.doi.org/10.1787/888933545481

Fuente: OCDE/BID/CIAT (2016), *Taxing Wages in Latin America and the Caribbean 2016*, OCDE Publishing, Paris.

La cuña fiscal, que en conjunto es relativamente plana, se vuelve muy regresiva en el segmento inferior de la distribución de ingresos, lo que reduce los incentivos para la formalización

La cuña fiscal promedio sobre los salarios es relativamente plana. La cuña fiscal promedio se sitúa en torno al 28% para los ingresos comprendidos entre el 50% y el 170% del salario promedio. El IRPF tributa por encima del 170% de dicho salario. Dadas las bajas tarifas de este impuesto, la cuña fiscal promedio aumenta gradualmente hasta el 35% para aquellos contribuyentes que perciben el equivalente a cinco veces el salario promedio (véase la figura 3.5).

No obstante, la cuña fiscal promedio es muy regresiva en el segmento inferior de la distribución de renta. Costa Rica impone una cantidad mínima de CSS así los ingresos reales estén por debajo de este mínimo. Para trabajadores que perciben menos de CRC 228 530 al mes (en torno al 50% del salario promedio en 2016), las contribuciones a la CCSS se calculan sobre el umbral de este valor de ingresos, con independencia de las ganancias reales de dichos trabajadores. Para otros tipos de contribuciones, se calculan a partir de las ganancias reales. Esta contribución mínima hace que las CSS sean regresivas para los ingresos por debajo del umbral mínimo, con lo cual la tasa de contribución promedio resulta más elevada para los trabajadores de ingresos bajos. En concreto, los trabajadores empleados a tiempo parcial pueden estar sujetos a cargas contributivas muy altas en relación con sus ingresos. Por ejemplo, los empleados que perciben el 10% del salario promedio tienen una cuña fiscal promedio del 68%; es decir, su sueldo neto es únicamente el 32% de lo que le cuestan a su empleador (véase la figura 3.5). Esta contribución mínima es altamente distorsionadora, dado que desalienta a los trabajadores de bajos ingresos, sobre todo a los empleados bajo un esquema de tiempo parcial, a incorporarse al sector formal de la economía.

La base mínima de contribución, que hace regresiva la cuña fiscal promedio en el segmento inferior de la distribución de ingresos, se ha incrementado en los últimos años. Desde 2014, la base mínima de contribución se ha fijado como un porcentaje del salario mínimo y aumentará con el tiempo hasta situarse en el 100% del mismo en octubre de 2019. Al elevar dicha base sin reforzar el cumplimiento de la legislación sobre el salario mínimo ni permitir variaciones en la base mínima según las horas trabajadas, se reducirá todavía más el incentivo para acceder al empleo formal, con consecuencias negativas para los trabajadores y para las finanzas públicas (OCDE, pendiente de publicación).

Figura 3.5. **Cuña fiscal promedio en distintos niveles de ingresos expresada como porcentaje del salario promedio en 2016**

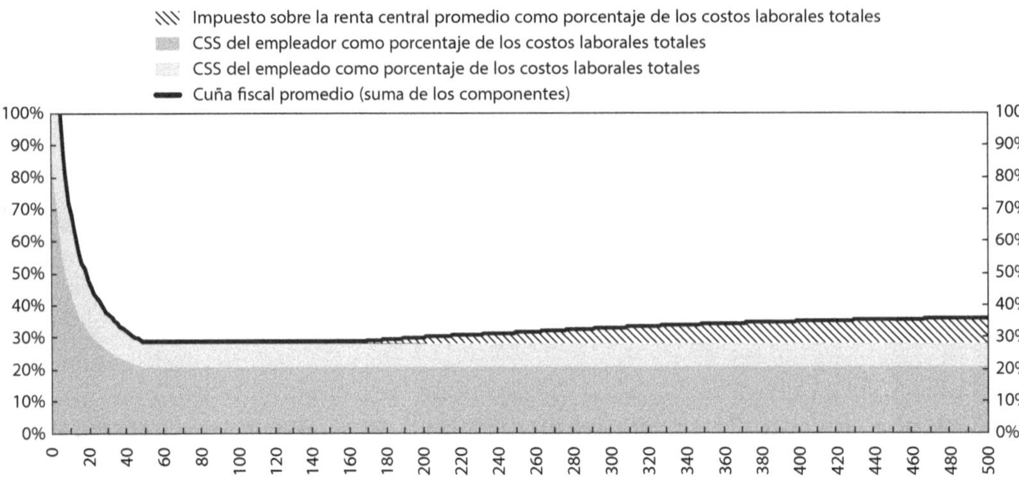

StatLink http://dx.doi.org/10.1787/888933545500

Fuente: Cálculos de los autores.

Las cuñas fiscales marginales son relativamente altas, debido al efecto combinado del IRPF y las CSS. La cuña fiscal marginal muestra los impuestos adicionales (IRPF, y las CSS de los empleados y de los empleadores) que deben pagarse cuando los costos laborales aumentan en CRC 1 adicional. Los contribuyentes que perciben ingresos por encima del 250% del salario promedio tienen una cuña fiscal marginal situada en torno al 40%, lo que significa que el 40% del aumento en los costos laborales se destina al Gobierno en forma de impuestos y contribuciones, y que solo el 60% es recibido por el contribuyente en forma de ingresos netos (véase la figura 3.6).

No obstante, las cuñas fiscales marginales en el segmento inferior de la distribución de renta son menores. La figura 3.6 muestra que las cuñas fiscales marginales para niveles de ingresos inferiores al umbral mínimo de CSS son relativamente bajas. Si los trabajadores perciben menos de CRC 228 530 al mes, las únicas contribuciones adicionales que deben satisfacer cuando cobran CRC 1 más se gravan al 11.6%, dado que la mayoría de estas contribuciones se han pagado ya en forma de suma global. Así, si bien el umbral mínimo desalienta a los trabajadores a acceder al sector formal de la economía, incentiva a trabajar más horas a aquellos trabajadores que ya están integrados en él, debido a que la mayoría de sus contribuciones se abonan de todos modos.

En general, las altas CSS fomentan la economía sumergida o informal. Los elevados impuestos sobre las rentas percibidas por el trabajo de las personas físicas en el sector formal de la economía pueden incentivar a los trabajadores de productividad baja a formar parte del sector informal de la economía o al desempleo. Estas contribuciones aumentan el costo del empleo y reducen los ingresos después de impuestos. Cuanto mayor sea la diferencia entre los costos laborales en el sector formal y las deducciones sobre el salario después de impuestos, más altos serán los incentivos para que empleadores y empleados eludan los impuestos, y se mantengan en el sector informal de la economía o pasen a integrarse en él. A su vez, los altos niveles de dicho sector influyen negativamente en la productividad, el crecimiento y la confianza en las instituciones gubernamentales (véase el recuadro 3.1).

Figura 3.6. **Cuña fiscal marginal en distintos niveles de ingresos expresada como porcentaje del salario promedio en 2016**

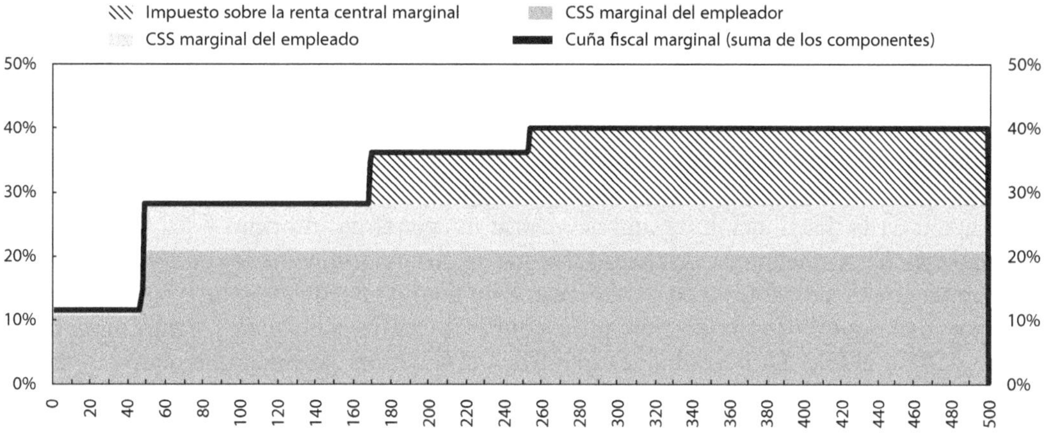

StatLink http://dx.doi.org/10.1787/888933545519

Fuente: Cálculos de los autores.

Recuadro 3.1. **Principales consecuencias de la informalidad**

Los altos niveles de empleo en el sector informal pueden tener consecuencias negativas para la economía. En primer lugar, los trabajadores empleados en el sector informal tienen un acceso limitado a la protección social, contratos inadecuados y salarios comparativamente inferiores, y son muy vulnerables cuando pierden su empleo o cuando se retiran. Los altos niveles de empleo informal reducen, asimismo, el acceso de los trabajadores a capacitaciones o formación adicional, lo que agrava las limitaciones de su cualificación. Todo ello no hace sino ampliar las desigualdades. Este problema es especialmente sensible en América Latina, donde la desigualdad social es muy acentuada.

El sector informal afecta también a la productividad y al crecimiento. La producción en el sector informal a menudo genera ineficiencias, ya sea porque las empresas limitan su tamaño por debajo de la escala óptima de eficacia para no ser detectadas o porque utilizan tecnologías de producción anticuadas (Andrews et al., 2011). Las ventajas relativas de las que, en términos de costos, disfrutan las empresas del sector informal pueden permitirles seguir activas, incluso cuando no son productivas (Andrews et al., 2011). Además, tienen un menor acceso al financiamiento, lo que limita sus inversiones y la disponibilidad de mano de obra cualificada.

Un elevado nivel de empleo en el sector informal de la economía tiene también importantes consecuencias tributarias negativas. Los altos niveles de empleo en el sector informal reducen la recaudación fiscal obtenida por el Gobierno. Muchos individuos trabajan en el sector informal y, al mismo tiempo, reciben prestaciones sociales, aumentando innecesariamente la carga fiscal del Estado (esta afirmación no es tajante: puede sostenerse que, si se grava el sector informal, los ingresos obtenidos serán limitados, debido a que los trabajadores y las empresas de la economía informal suelen tener ingresos escasos, mientras que los costos de la recaudación serían cuantiosos).

Recuadro 3.1. **Principales consecuencias de la informalidad** *(continuación)*

Por último, la percepción del nivel de empleo en el sector informal por parte de los trabajadores del sector formal socava la confianza de estos en las instituciones públicas y afecta a la ética fiscal, con posibles pérdidas de recaudación por otras vías. Es importante observar que cuanto más grande es el sector informal, mayores son los incentivos de las personas afectadas para permanecer o integrarse en él (se pierde el miedo a ser sancionado, pues se considera que la economía informal es tolerada).

Análisis recientes confirman que la tributación, especialmente por medio de CSS, influye en los resultados del mercado de trabajo. En la figura 3.7 (izquierda) se muestra la relación en la distribución de ingresos entre la economía informal y los "costos de la formalización", teniendo en cuenta las CSS que pagarían los empleados para permanecer o integrarse en el sector formal en Costa Rica. Esta medida puede adoptarse como un límite inferior, dado que la formalización suele conllevar costos adicionales, tanto monetarios como de otra índole. La barra blanca identifica el lugar aproximado que ocupa el salario mínimo. Para trabajadores que perciben ingresos por encima del umbral inferior de las CSS, este gasto se define como la cantidad que deben sufragar a costa de sus salarios. No obstante, para trabajadores excluidos de los programas de seguro social, el costo de la formalización se entiende como la cantidad de contribuciones pagables con el umbral mínimo. Como consecuencia, el costo de la formalización se incrementará si la brecha entre los ingresos del trabajador y el umbral mínimo establecido es importante. Los costos de formalización teóricos para los trabajadores del decil de ingresos más bajo (derecha) de Costa Rica se sitúan como los segundos más altos de la región de ALC (barra negra) después de México (OCDE, 2016).

Figura 3.7. **Costos de formalización teóricos como porcentaje de los salarios reales y tasas de empleo informal para trabajadores dependientes en 2013 (izquierda) y costos de formalización teóricos para trabajadores en el decil de ingresos más bajo (derecha)**

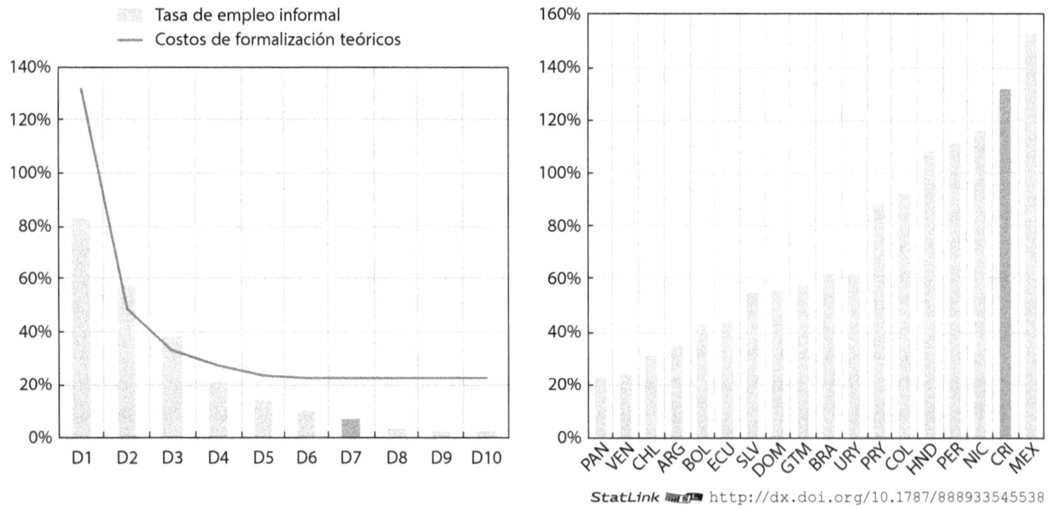

StatLink http://dx.doi.org/10.1787/888933545538

Fuente: OCDE/BID/CIAT. (2016), *Taxing Wages in Latin America and the Caribbean 2016*, OCDE Publishing, Paris.

Además, los incentivos para pagar las CSS se reducen por la cobertura universal de los servicios públicos principales, como la cobertura de salud. Parte de las CSS están destinadas de manera específica en los presupuestos para atender prestaciones asociadas con el mercado laboral, en concreto las relativas a las pensiones y al desempleo, que pueden considerarse una parte de la compensación por el trabajo. Otras financian prestaciones disponibles para todos los ciudadanos, sean o no contribuyentes (p. ej., servicios de formación o entrenamiento y cuidado de los niños). Dado el débil vínculo existente entre los pagos y las prestaciones, el incentivo para entrar en el sistema formal es limitado.

Si se reducen las CSS para los trabajadores de bajos ingresos, aumentarán los incentivos para que los empleadores contraten y declaren a sus trabajadores, y para que los empleados accedan al sector formal de la economía. A partir de algunos países de América Latina, Lehmann y Muravyev (2012) han aportado pruebas que revelan que una cuña fiscal amplia fomenta el empleo en el sector informal y sugieren que la reducción de dicha cuña podría ser uno de los instrumentos más eficaces para luchar contra el empleo informal. Este enfoque ya fue adoptado para promover la formalización entre las trabajadoras costarricenses. En julio de 2016, la base mínima utilizada como referencia para calcular y cargar las CSS se redujo a la mitad. Hasta entonces, los empleadores que contrataban a trabajadores nacionales a tiempo parcial se veían muy incentivados para no declararlos con objeto de no pagar la desproporcionada cantidad de CSS que se les exigía para asegurarlos.

Recaudar las CSS en forma de porcentaje de los ingresos reales –que es la práctica común en los Estados miembros de la OCDE– sería una mejor opción. Ello implica que los trabajadores empleados bajo un esquema de tiempo parcial realizarían contribuciones proporcionales a sus ingresos y, según éstas, recibirían prestaciones sociales. Esta medida evitaría tener que penalizar a los trabajadores de bajos ingresos, dejaría de desalentar el trabajo a tiempo parcial y motivaría a los trabajadores a integrarse en el sector formal. La recaudación de todas las CSS sobre los ingresos reales fomentaría, asimismo, la progresividad global del impuesto y beneficiaría al sistema, ya que los trabajadores de bajos ingresos contribuirían un menor valor por los beneficios que reciben.

Recaudar las CSS en función de las ganancias reales y no según un valor mínimo, o reducirlas para los trabajadores de bajos ingresos, muy probablemente conllevaría un costo presupuestario que debería ser compensado. Para seguir asegurando el financiamiento adecuado del sistema del Seguro Social, algunas prestaciones –en concreto aquellas que no mantienen un vínculo claro entre el nivel de contribuciones y el de prestaciones, como son las asignaciones familiares o el seguro de salud– deberían ser financiadas mediante impuestos cargados sobre bases gravables distintas a la del empleo, como los impuesto sobre la renta de las empresas (IS), el impuestos al consumo o los impuestos sobre la propiedad. Algunos países de la OCDE (entre ellos Francia, mediante la *contribution sociale généralisée* [CSG]) financian una parte de su sistema del Seguro Social mediante impuestos de este tipo. Que una parte del financiamiento de las prestaciones sociales recayera sobre los impuestos generales exigiría una estrecha cooperación entre el Ministerio de Hacienda y las autoridades del Seguro Social.

Para resolver el empleo en el sector informal por parte de las pequeñas empresas, el Gobierno está debatiendo actualmente un proyecto de ley que propone que las microempresas que se integren en el sector formal estén parcialmente exentas de las CSS durante 4 años. El programa reduciría la contribución del empleador al seguro de salud y a los programas contra la pobreza, lo que redundaría en una rebaja total de las contribuciones en 12.5 puntos porcentuales, que reduciría casi a la mitad la tasa que deben pagar los empleadores (OCDE, pendiente de publicación). Dado que el recorte de las contribuciones se limita a 4 años, después de lo cual los empleadores abonarían la cantidad completa de las contribuciones, el programa minimizaría el costo presupuestario asociado a esta medida.

Un crédito fiscal por ingresos salariales (EITC, *earned income tax credit*) podría ser otra herramienta útil para reducir tanto el empleo en el sector informal de la economía como la pobreza. Los EITC constituyen un instrumento importante de política fiscal que utilizan muchos Estados miembros de la OCDE para abordar los problemas relacionados con el círculo vicioso que plantean el desempleo y la inactividad. Estas medidas persiguen el doble objetivo de aliviar la pobreza y de aumentar los incentivos para trabajar, que consiguen dirigiéndose a los trabajadores de bajos ingresos (a menudo con hijos), a los que exigen que reúnan una serie de requisitos para poder acceder a las prestaciones sociales asociadas al trabajo (véase el recuadro 3.2). Los EITC podrían tener gran repercusión en el contexto de Costa Rica, ya que motivaría a los trabajadores para que acudieran al registro ante las autoridades tributarias, con objeto de recibir el crédito, y animaría a los que estuvieran empleados en el sector informal a presionar a sus empleadores con el fin de acceder a la economía formal (Perry et al., 2007).

Recuadro 3.2. **Créditos fiscales en el trabajo**

Los créditos fiscales por ingresos salariales, o beneficios fiscales sobre el salario, constituyen una de las principales medidas aplicadas por muchos Estados miembros de la OCDE para abordar los problemas derivados de los círculos viciosos del desempleo y de la inactividad. Estas medidas persiguen como doble objetivo aliviar la pobreza e incentivar el trabajo. Se dirigen a los trabajadores de bajos ingresos (a menudo con hijos) y les exigen, en cierta forma, que reúnan una serie de requisitos para acceder a las prestaciones sociales asociadas al trabajo.

Los sistemas de créditos asociados al trabajo representan un componente muy afianzado de los sistemas de prestaciones fiscales en algunos países, como el Reino Unido y los Estados Unidos, y tienen efectos globales positivos en el empleo. En teoría, los créditos vinculados al trabajo pueden tener efectos conflictivos en el mercado laboral, ya que, al tiempo que potencian la motivación para conseguir empleo, reducen los incentivos de las personas ya empleadas a seguir trabajando. Sin embargo, estudios empíricos (basados sobre todo en los casos del Reino Unido y los Estados Unidos) revelan que el efecto general de esta solución es positivo para el empleo.

Existen grandes variaciones en el diseño en los distintos países, sobre todo en relación con los requisitos para acceder a los créditos y la población objetivo, los niveles de crédito, las retenciones y los métodos de pago. En cuanto a los requisitos, los países suelen exigir que se trabaje un número determinado de horas por semana o que se perciba una cantidad mínima de ingresos por el empleo. A su vez, siete países requieren que se tengan hijos para poder optar al plan (en seis de ellos, el valor de los créditos aumenta proporcionalmente de acuerdo al número de hijos). La mayoría de países, adicionalmente, dirigen el crédito teniendo en cuenta el nivel de ingresos. Para ello, derecho el crédito se suele rescindir cuando los ingresos superan un determinado nivel. No obstante, las tasas de retiro del crédito varían notablemente de unos casos a otros. El valor del crédito, en cierta forma relacionado con la tasa de retiro del mismo (p. ej., los créditos más cuantiosos suelen eliminarse con más rapidez para limitar el costo fiscal), también experimenta notables variaciones.

Recuadro 3.2. **Créditos fiscales en el trabajo** *(continuación)*

En general, en los distintos países se han aplicado tres grandes estrategias:

- Tasas de retiro altas y créditos generosos. Para elevar al máximo la eficacia de los créditos con objeto de fomentar el empleo (y de reducir la pobreza de personas con trabajo), varios países conceden créditos a tarifas relativamente altas. Así sucede en concreto en Irlanda, el Reino Unido, los Estados Unidos, Nueva Zelanda y Bélgica, donde los pagos máximos son siempre superiores al 5% del salario medio. En concreto, en Irlanda el crédito es especialmente generoso y se sitúa por encima del 20% de este salario. Para reducir los costos fiscales, estos países conceden créditos con tasas relativamente altas (del 20% o más), con lo que aceptan tasas efectivas de tributación marginales (TETMs) relativamente altas. Irlanda es el caso extremo, con una tasa efectiva de retiro del 60%, donde cabe resaltar la importancia que dan los islandeses al 'suplemento a los ingresos por unidad familiar' (FIS, *Family Income Supplement*) para reducir la pobreza más que a los objetivos de fomento de empleo.
- Tasas de retiro bajas y créditos menores. Algunos países más preocupados por las consecuencias negativas de las altas TETMs, optan por eliminar los créditos sobre personas con un rango más amplio de ingresos, con lo cual reducen el incremento en el tamaño de las TETMs (a costa de extender el intervalo de ingresos que afronta el incremento). No obstante, cuando se dispone de fuentes limitadas de financiamiento, esta opción se traduce necesariamente en créditos más bajos, lo cual puede suscitar inquietud acerca de la eficacia del esquema para fomentar el empleo y reducir la pobreza de personas con trabajo. Así, la tasa de retiro más bajo implica el acceso al crédito a un mayor número de trabajadores, lo que podría constituir un incentivo para que aquellas personas que perciben ingresos medios ingresen en el mercado laboral o aumenten el número de horas trabajadas con objeto de reunir los requisitos para acceder al crédito. Por el contrario, esta propuesta aboca también a que las personas con más ingresos se enfrenten a TETMs superiores, con el posible resultado de que algunos trabajadores reduzcan el número de horas que trabajan. En esta categoría se encuadran países como Canadá, Francia y España (créditos sobre la renta percibida).
- Tasas de retiro bajas o moderadas y créditos generosos. Otro grupo de países presentan también menores tasas de retiro debido a la preocupación de incurrir en altas TETMs, aunque aspiran a ofrecer montos de créditos importantes para multiplicar el incentivo sobre el empleo. Estos países aceptan costos fiscales más elevados para cumplir su objetivo. Dinamarca, Suecia y los Países Bajos ofrecen ejemplos muy ilustrativos de este planteamiento. En estos países, la preocupación por las altas tasas de retiro se agudiza sobre todo por dos motivos: en primer lugar, el trabajo tributa a tarifas altas, con lo que las TETMs también lo son, y, en segundo lugar, la distribución de los ingresos resulta especialmente estrecha, especialmente en Dinamarca y Suecia. El resultado es que se obtienen tasas de retiro elevadas para horquillas de ingresos reducidas, lo cual afectaría a un número muy amplio de trabajadores.

Se ha de valorar ofrecer créditos fiscales más altos para familias con hijos con el fin de reducir su carga tributaria

Los impuestos sobre el salario y las transferencias en efectivo no varían mucho por el tamaño y la composición de las familias. Las CSS, que suponen la mayor parte de los impuestos sobre los salarios, no son muy diferentes entre los distintos tipos de familias, y las transferencias de efectivo a las familias son pocas, dirigidas a hogares en situación de pobreza extrema (OCDE, pendiente de publicación). La figura 3.8 ilustra que apenas se perciben diferencias entre el pago neto (después de impuestos y transferencias) de unidades familiares similares con y sin hijos, lo cual parece reflejar que el sistema de impuestos y beneficios no es sensible a la presencia de niños en los hogares (OCDE, pendiente de publicación). Este hecho contrasta con lo que sucede en muchos Estados miembros de la OCDE, donde la renta disponible de las unidades familiares con hijos es significativamente más alta que en familias similares sin descendencia.

Figura 3.8. **Ratios de pagos netos de unidades familiares con y sin hijos (%) en 2015**

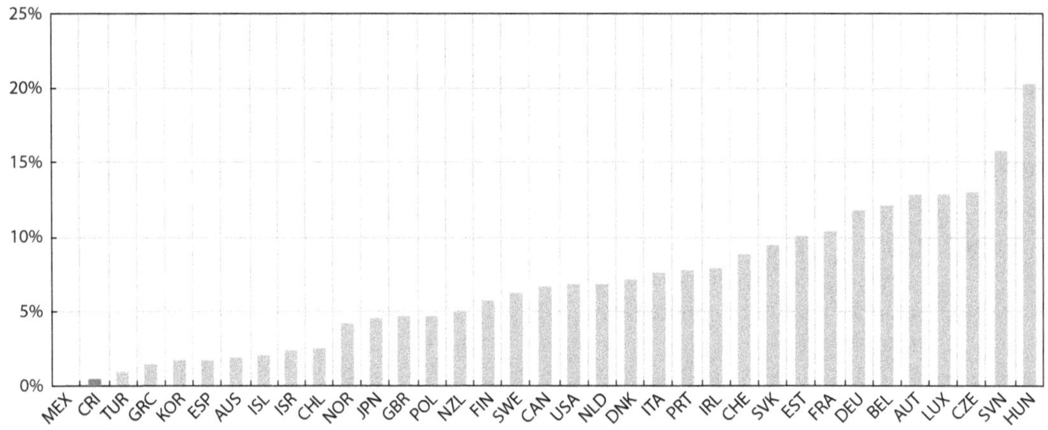

StatLink http://dx.doi.org/10.1787/888933545557

Nota: Las ratios se calculan como diferencia entre los pagos netos (es decir, ingresos después de impuestos y prestaciones) entre un hogar con dos hijos y otro sin hijos, expresada en porcentaje del pago neto a una unidad familiar sin hijos Las dos familias están formadas por parejas casadas en las que un cónyuge percibe el salario promedio en el país y el otro gana la tercera parte de esta cantidad.

Fuente: OCDE (2016), *Taxing Wages 2016*, y OCDE/BID/CIAT (2016), *Taxing Wages in Latin America and the Caribbean 2016*, OCDE Publishing, Paris.

Dado que la pobreza infantil en Costa Rica es alta, debe valorarse el uso más frecuente de créditos fiscales a las familias para reducir su carga tributaria. Costa Rica ofrece un crédito fiscal por hijo de CRC 16 080 (aproximadamente EUR 27). Este valor es bajo si se compara con las disposiciones similares de los países de la OCDE. Si el Estado costarricense consigue aumentar el recaudo fiscal mediante las reformas tributarias propuestas, podría ampliar la generosidad de este crédito fiscal por hijo, sobre todo en virtud de la posición desfavorable que ocupa el país en los indicadores sobre pobreza infantil (OCDE, pendiente de publicación). El aumento de estos créditos fiscales sería, además, una forma de compensar a las unidades familiares por los posibles efectos regresivos que conllevaría la ampliación de la base del IVA, si la reforma de este impuesto llegara a aprobarse.

La retención en la fuente "final" del IRPF por el trabajo dificulta ofrecer apoyo fiscal mediante el sistema del IRPF

En general, la retención en la fuente por concepto de IRPF por el trabajo y otros tipos de ingresos ayuda a fomentar el cumplimiento tributario. En la OCDE, y a excepción de Francia y Suiza, el IRPF por el trabajo se administra mediante un sistema de retenciones en la fuente. En Suiza, este impuesto se gestiona en los cantones; dado que estas entidades jurisdiccionales son relativamente pequeñas y es frecuente que las personas trabajen en un cantón distinto a aquel en que residen, las retenciones en la fuente del IRPF por el trabajo se hacen más difíciles de aplicar. En Francia, únicamente las CSS recaudadas a tasas fijas tienen retenciones en la fuente. También existen retenciones en la fuente del IRPF por el trabajo en la mayoría de los países no miembros de la OCDE, como China, la India y Rusia.

Cuando se aplican retenciones en la fuente por impuestos y sistemas de información de terceros, en los países avanzados el cumplimiento alcanza cerca del 99% (FMI, 2015). Imponer la obligación a terceros independientes, como los empleadores y las instituciones financieras, de retener una cantidad de impuestos sobre los pagos de los ingresos a los contribuyentes aporta tres grandes ventajas. Favorece el cumplimiento tributario; la transferencia a tiempo de los valores retenidos en la fuente por los terceros independientes a la oficina de administración tributaria garantiza un flujo regular de ingresos para el Estado y colabora en la administración presupuestaria; es una forma más eficiente desde el punto de vista de los costos tanto para los contribuyentes como para la entidad encargada del recaudo de impuestos (es decir, se reducen los costos administrativos y de cumplimiento).

Costa Rica aplica un régimen de retenciones en la fuente "acumuladas" imperfecto sobre los ingresos salariales. El régimen de retenciones en la fuente acumuladas busca garantizar que, para la mayor parte de los empleados, la suma total de dichas retenciones en la fuente practicadas durante el curso de un año fiscal correspondan con el impuesto total a cargo del año. Cuando se cumple este objetivo, los empleados se ven liberados de la obligación de preparar y presentar una declaración de impuestos anual, pero pueden hacerlo si por circunstancias excepcionales se les hubieran aplicado retenciones en la fuente excesivas. Según este planteamiento, los empleados deben suministrar la información necesaria a sus empleadores, con el fin de ayudarlos a determinar el monto de impuestos que debería deducirse de sus ingresos en la determinación de la retención en la fuente aplicable. En algunos países (p. ej., Irlanda y Reino Unido), los empleados aportan esta información a la entidad que recauda impuestos, la cual, a su vez, informa al empleador de un código que determina el monto de las retenciones en la fuente a aplicar. Los empleadores retienen así el impuesto del ingreso abonado, según las exigencias, y determinan su importe de acuerdo con una base progresiva/acumulada en el transcurso del año fiscal. Este enfoque acumulado promueve que los empleados disfruten de pocas devoluciones (que reducen los impuestos a cargo), ya que permite un cálculo más preciso de las retenciones en la fuente que deben aplicarse en el transcurso del año fiscal y no en función de las obligaciones establecidas al final de dicho período. Si los empleados cambian de trabajo o han estado antes desempleados, el nuevo empleador debe tener en cuenta estos cambios en la regularidad de los ingresos para retener las cantidades adecuadas, de manera que el total de retenciones durante el año complete el conjunto de las obligaciones fiscales. No obstante, este esquema no se aplica en Costa Rica.

En este contexto se producen desigualdades, porque las retenciones en la fuente por IRPF se realizan con independencia de los ingresos obtenidos anteriormente. En Costa Rica, el IRPF es retenido en la fuente mes a mes, sin tener en cuenta los ingresos obtenidos anteriormente durante el año fiscal. Los contribuyentes con un empleo regular cada mes pagarán así un monto de impuestos diferente que aquellos que perciban la misma cantidad de ingresos a lo largo del año, pero que ganen mucho durante unos meses y menos o nada en otros. Esta situación debilita claramente la equidad del sistema tributario.

La alternativa más común consiste en un enfoque "no-acumulativo" de las retenciones en la fuente del IRPF. El sistema de retenciones en la fuente "no-acumulativo" del IRPF se aplica a un "período de pago" para cada empleado. Los empleadores retienen impuestos por cada uno de estos períodos, considerando los ingresos brutos y teniendo en cuenta, aunque no necesariamente, todos los derechos que asisten al empleado (lo que podría reducir el monto retenido) y la tasa de retención aplicable. Cuando un empleado cambia de trabajo, el nuevo empleador simplemente inicia el proceso de retención en la fuente sobre sus ingresos futuros, sin considerar las retenciones en la fuente previas que se le han practicado al empleado. Sin embargo, dado que este planteamiento conlleva una forma menos precisa de aplicar las retenciones, el monto deducido para cada empleado en el curso de un año fiscal representa solamente un valor aproximado de sus obligaciones tributarias totales. En estas circunstancias, se suele requerir a los empleados que presenten declaraciones individuales para comprobar si se ha pagado la cantidad correcta de impuestos vía las retenciones en la fuente (y para que el empleado obtenga una devolución en caso de que dicha cantidad fuera superior a la debida), teniendo en cuenta todos los ingresos percibidos y beneficios fiscales (p. ej., deducciones y créditos fiscales).

La retención en la fuente "final" del IRPF sobre los ingresos mensuales por concepto de empleo, actualmente aplicada en Costa Rica, dificulta el apoyo fiscal específico proporcionado a través del sistema del IRPF. Costa Rica aplica dos créditos fiscales limitados: uno mensual por cada hijo dependiente (CRC 1 490) y otro mensual por el cónyuge en caso de empleados casados (CRC 2 230); ambos créditos tienen un efecto menor en la carga tributaria global sobre los ingresos salariales. El hecho de que estas retenciones sean realizadas por el empleador mes a mes y de que al final deban pagarse unos impuestos finales, calculados con independencia de los ingresos obtenidos en el resto del año, complica el objetivo de prestar apoyo individual a las familias a través del sistema del IRPF.

Los impuestos sobre las rentas de trabajo introducen distorsiones entre empleados y trabajadores autónomos y profesionales

A diferencia de la práctica común en los Estados miembros de la OCDE, el sistema del IRPF en Costa Rica grava la renta del empleo y los ingresos por actividades empresariales ejercidas de manera personal de forma separada. Los ingresos por actividades empresariales ejercidas de manera independiente deben ser declarados por los contribuyentes según una base anual. Por su parte, el IRPF sobre los ingresos laborales de los asalariados es retenido por el empleador cada mes. Las tarifas del IRPF por ingresos laborales oscilan entre el 0% para ingresos mensuales de hasta CRC 793 000 (EUR 1 320) y el 10% y el 15% para los superiores a CRC 1 190 000 (EUR 1 980); en cambio, los ingresos por actividades empresariales ejercidas de manera independiente tributa en un esquema de cinco tramos con tarifas de impuestos comprendidas entre el 0% y el 25% (véase la tabla 3.2).

Tabla 3.2. **Tarifas de IRPF: ingresos laborales (panel A) e ingresos por actividades empresariales independientes (panel B)**

A. Ingresos laborales *Esquema del IRPF mensual*		**B. Ingresos por actividades empresariales independientes** *Esquema del IRPF anual*	
Hasta CRC 792 000	Exento	Hasta CRC 3 517 000	Exento
CRC 792 001–1 188 000	10%	CRC 3 517 001–5 251 000	10%
Más de CRC 1 188 000	15%	CRC 5 251 001–8 760 000	15%
		CRC 8 760 001–17 556 000	20%
		Más de CRC 17 556 000	25%

Fuente: Base de datos del BID.

Las CSS recaudadas sobre los ingresos laborales son sustancialmente más altas que las pagadas por los trabajadores autónomos. Como se ha indicado, los empleados pagan CSS sobre los ingresos laborales a una tarifa plana del 9.34% en 2015, y los empleadores a una tarifa del 26.33%. En cambio, los trabajadores autónomos pagan CSS sobre sus ingresos por actividades empresariales a tarifas que aumentan con los ingresos y oscilan entre el 8.25% y el 19.59%. No obstante, la tarifa total de las contribuciones es la misma para todos los trabajadores autónomos sin importar su ingreso, a diferencia de cualquier otro país de la OCDE, el Gobierno central paga por la salud, maternidad y pensión básica de los trabajadores autónomos (la contribución del Gobierno central decrece con los ingresos). Otra diferencia importante en el trato fiscal de empleados y trabajadores autónomos es que, a diferencia de los empleados, que deben pagar una CSS mínima aunque sus ingresos se sitúen por debajo de cierto umbral, los trabajadores autónomos o independientes que perciban ingresos por debajo de esa base de contribución están exentos del pago de dichas contribuciones.

Las diferencias en el trato fiscal entre empleados y trabajadores autónomos suponen un importante incentivo para que se prefiera el trabajo autónomo y crea oportunidades para la elusión de impuestos. La carga muy inferior de las CSS que satisfacen los trabajadores autónomos, unida a la ausencia de un umbral mínimo de estas CSS, incentiva a los asalariados a ser trabajadores autónomos o independientes. Además, para reducir su carga tributaria global sobre los ingresos percibidos por el trabajo, los trabajadores del sector formal pueden verse inducidos a comprometerse en un trabajo parcial para ocupar el resto del tiempo como trabajadores autónomos. Así podrían beneficiarse de la exención de impuestos bajo los dos sistemas de tramos (es decir, el aplicable a los asalariados por un lado y el aplicable a los trabajadores autónomos por el otro), y repartir su tributación en dos fuentes gravables, lo que supone que podrán tributar menos a la tarifa máxima del IRPF. Este trato fiscal va en contra del principio de equidad horizontal, ya que contribuyentes que perciben ingresos similares de procedencias distintas están gravados de manera diferente. Además, viola la equidad vertical, pues las personas que tienen ingresos más elevados no necesariamente pagan más impuestos. Las menores retenciones en la fuente y las CSS reducidas de los trabajadores autónomos incentivan también a los empleadores a contratar "trabajadores dependientes" en forma de autónomos. Para abordar este problema sería preciso equilibrar las CSS satisfechas por los trabajadores autónomos y por los asalariados.

Costa Rica sufre también una importante elusión de impuestos en el ámbito de las profesiones liberales

La elusión de impuestos es generalizada entre las profesiones liberales. Los ingresos percibidos por profesionales como abogados, arquitectos, médicos, odontólogos y contadores, adscritos al régimen de servicios profesionales independientes, tributan de igual modo que los ingresos por actividades empresariales ejercidas de manera personal. Para aquellos profesionales que no llevan registros contables o no emiten facturas, los impuestos se establecen según una renta presuntiva. La presunción se sitúa entre 250 y 335 veces un salario base, según cada profesión. No obstante, la elusión de impuestos en estos sectores es un problema crítico. Según un informe publicado en 2015, en torno al 55% de las personas físicas y jurídicas que prestan servicios en actividades rentables profesionales, declararon cero impuestos sobre la renta (véase la figura 3.9). En promedio, esta proporción se mantuvo constante durante el período 2011-2015, con un promedio del 56% (informe de la Contraloría General de la República). El número de profesionales que declararon un impuesto sobre la renta igual a 0 es especialmente alto entre los que prestan servicios de contabilidad y auditoría, y entre los profesionales de las tecnologías de la información (IT) (véase la figura 3.9). El informe destacaba también que 53 005 contribuyentes (86% del total) sumaban en torno al 48% de los activos y el 30% de los ingresos brutos del grupo; sin embargo, totalizaban solo el 9% de los impuestos pagados (véase la tabla 3.3).

Figura 3.9. **Proporción de contribuyentes que declararon un IRPF igual a 0 en diferentes profesiones liberales en 2015**

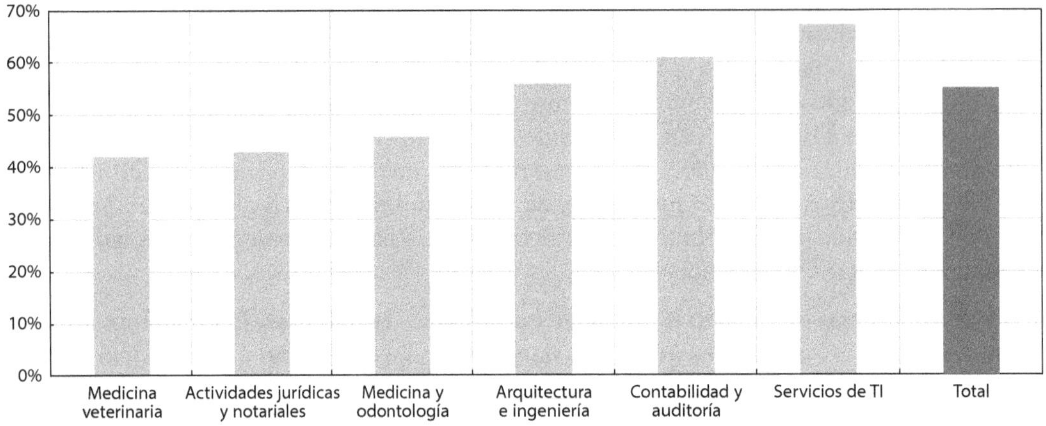

StatLink http://dx.doi.org/10.1787/888933545576

Fuente: CGR (2016).

Tabla 3.3. **IRPF declarado por los profesionales liberales en 2015**

IRPF declarado (en CRC)	Número de contribuyentes	Porcentaje de contribuyentes	Porcentaje de impuestos pagados	Porcentaje de ingresos brutos	Porcentaje de activos
Igual a 0	33 527	54.8%	0%	9.6%	21.9%
[1-500 001]	19 478	31.8%	9.1%	20.2%	26.5%
[500 001-1 000 001]	3 042	5%	7.1%	7.9%	7%
[1 000 001-1 500 001]	1 430	2.3%	5.8%	5.2%	5%
[1 500 001-2 000 001]	850	1.4%	4.8%	4.3%	3.5%
[2 000 001-2 500 001]	599	1%	4.4%	3.5%	2.7%
[2 500 001-3 000 001]	323	0.5%	2.9%	2.3%	1.8%
[3 000 001-10 000 001]	1 489	2.4%	25.9%	17.1%	13.2%
Más de 10 000 001	471	0.8%	39.8%	29.8%	18.4%
Total	61 209	100%	100%	100%	100%

Fuente: CGR (2016).

Para los profesionales liberales es fácil declarar menos ingresos o sobrevalorar los gastos deducibles. Muchos profesionales no reciben pagos por sus servicios con tarjetas de débito o crédito ni emiten facturas por los cobros en efectivo, lo que les permite declarar menos ingresos de los realmente percibidos. Para los profesionales liberales es fácil también sobrevalorar sus gastos deducibles o reclamar gastos a los que no tienen derecho (p. ej., inclusión de gastos personales o de sus parejas como vehículos de lujo, propiedades caras, construcción y/o pago de intereses de viviendas, adquisición de terrenos, pagos escolares para los hijos).

La generalizada evasión de impuestos entre los profesionales liberales debilita la integridad del sistema tributario. La evasión de impuestos por parte de los profesionales liberales erosiona significativamente la recaudación fiscal. Además, socava la integridad y la justicia del sistema tributario y, en última instancia, afecta negativamente a la moral tributaria. Además, es probable que esta modalidad de evasión de impuestos reduzca la progresividad del sistema tributario en su conjunto, dado que los profesionales tienden a tener ingresos elevados.

Más esfuerzos son necesarios para reducir la elusión de impuestos entre los profesionales liberales. Si se establecen reglas que exijan que todos los profesionales lleven registros contables y emitan facturas, se mejorará el cumplimiento de las obligaciones tributarias. Además, es aconsejable acelerar la implantación de la facturación electrónica obligatoria para abordar el problema de reportar menores ingresos que los efectivamente percibidos por quienes ejercen profesiones liberales. Este proceso se ha retrasado varias veces; en la actualidad, el Gobierno está desarrollando un sistema para utilizar facturas digitales y está previsto que empiece a utilizarse en junio de 2017. También debe considerarse la aplicación de una definición más estricta de qué se consideran gastos deducibles. Por ejemplo, podrían desestimarse las deducciones de los ingresos gravables, de gastos abonados en efectivo por debajo de un umbral mínimo bajo. La administración tributaria debería tener también más autoridad para controlar los gastos deducibles. En teoría, aunque la administración tributaria puede desconocer la deducción de pagos que se consideren excesivos, el Tribunal Fiscal Administrativo, en su Sentencia 122-07, determinó que la administración tributaria no puede desestimar unos gastos únicamente por la aplicación del principio de realidad económica y que debe tenerse en cuenta toda la documentación (por lo general, facturas y anotaciones contables) proporcionada por el contribuyente como prueba. Finalmente, se necesitan más auditorías dirigidas en las profesiones con mayor riesgo de elusión y evasión de impuestos entre los profesionales.

La reforma del IVA planteada podría reforzar indirectamente el cumplimiento del pago del IRPF entre los profesionales liberales. En la reforma se contempla aplicar el IVA de forma extensa a los servicios (con escasas excepciones entre las ya existentes). Así, las empresas no tendrán que estar inscritas para poder deducirse el IVA de los insumos en sus transacciones con otras compañías (B2B – *business to business*). Costa Rica también puede valorar la aplicación de un crédito sobre el IRPF por el pago del IVA en determinados servicios.

El IRPF no contribuye a la redistribución de la renta

La tarifa máxima del IRPF para los empleados de Costa Rica es baja en comparación con la de los Estados miembros de la OCDE y los otros países de la región de ALC. La tarifa máxima actual del IRPF del 15% sobre ingresos gravables superiores a CRC 1 181 000 es muy inferior al promedio de este impuesto en los Estados miembros de la OCDE, que alcanzó el 43.6% en 2015 (véase la figura 3.10). El único país de la OCDE con una tarifa máxima similar en el IRPF es la República Checa; este caso es poco frecuente, ya que el Estado checo tiene una tasa fija de IRPF y la base gravable está formada por los costos del trabajo y no por los ingresos brutos (lo que significa que las CSS del empleado y del empleador son gravables). La tarifa máxima en Costa Rica IRPF es igualmente reducida si se compara con la de los países de la región de ALC (véase la figura 3.11). Este valor relativamente bajo podría explicarse en parte, por el hecho de que empieza a gravar niveles relativamente bajos de ingresos (véase la figura 3.12).

La propuesta de reforma fiscal de 2017 incluye un aumento de la tarifa máxima del IRPF, con inclusión de dos tramos y tarifas adicionales. Los ingresos laborales estarían sujetos a dos tramos más: para ingresos superiores a CRC 2 225 000 y a CRC 4 450 000, que tributarían, respectivamente, al 20% y al 25%. De este modo se potenciaría la progresividad del IRPF y, aproximaría las tarifas máximas del IRPF de Costa Rica a aquellas de la OCDE y de otros países de la región de ALC. Además, esta medida estaría en la línea de las tendencias recientes de aumento de las tarifas máximas del IRPF dentro de la OCDE (OCDE, 2016).

Figura 3.10. **Tarifa máxima legal del IRPF en Costa Rica y los Estados miembros de la OCDE en 2015**

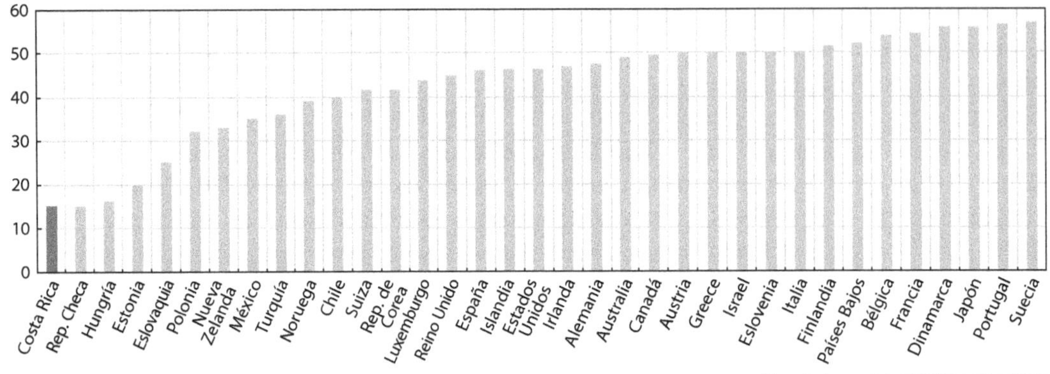

StatLink http://dx.doi.org/10.1787/888933545595

Nota: Información sobre los datos para Israel: http://dx.doi.org/10.1787/888932315602.
Fuente: Base de datos fiscal de la OCDE.

Figura 3.11. **Tarifa máxima legal del IRPF en los países de la región de ALC en 2016**

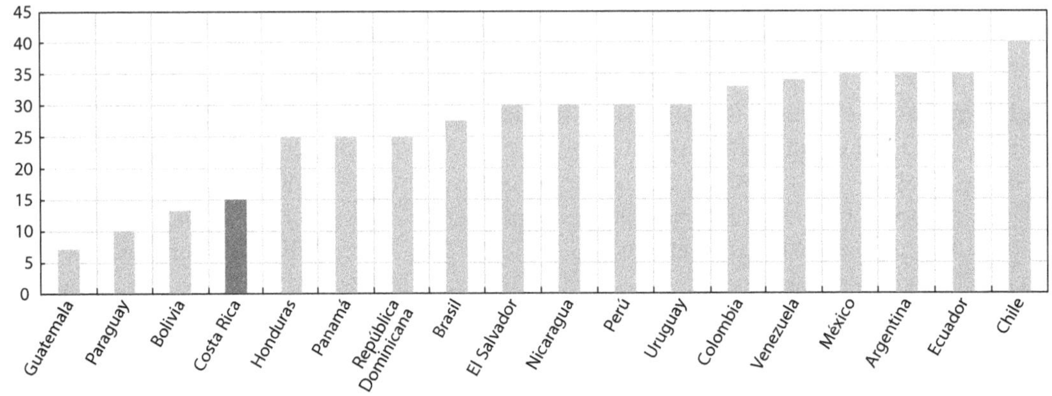

StatLink http://dx.doi.org/10.1787/888933545614

Fuente: Base de datos del BID.

Figura 3.12. **Tarifas máximas legales del IRPF y niveles de ingresos gravados en los países de la región de ALC**

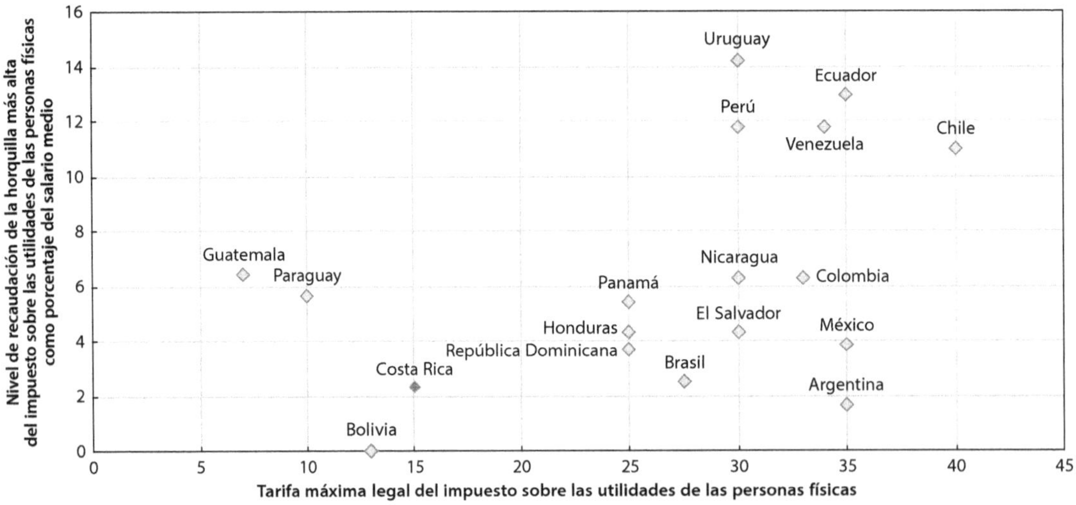

StatLink http://dx.doi.org/10.1787/888933545633

Fuente: Basado en Barreix, A., J. C. Benitez y M. Pecho (Pendiente de publicación). "Revisiting Personal Income Tax", *OECD Development Centre Working Papers*, OECD Publishing, Paris.

Las tarifas efectivas de tributación del IRPF demuestran que este impuesto es progresivo en Costa Rica, aunque las cargas fiscales del IRPF son muy bajas, incluso para personas con ingresos elevados. La tabla 3.4 ilustra la proporción de los ingresos brutos que ha sido pagada en la práctica como IRPF en los diferentes deciles de ingresos. En Costa Rica, los pagos del IRPF aumentan con los ingresos, lo que significa que este impuesto es progresivo. Sin embargo, las tarifas medias de dicho impuesto son muy reducidas, incluso para los contribuyentes situados en el segmento superior de la distribución de deciles por ingresos. De hecho, la tarifa media para los deciles superiores se sitúa aproximadamente en el 4.5%, muy por debajo del valor legal del 15%. Esta tarifa es baja también en comparación con las tasas efectivas del IRPF de los deciles de ingresos más altos en otros países de la región de ALC. La introducción de tramos y tarifas adicionales contribuiría a mejorar la progresividad y elevaría la carga tributaria sobre los individuos con ingresos elevados; no obstante, estas medidas deberían ir acompañadas de otras que amplíen la base gravable del IRPF y de medidas de fiscalización más estrictas.

A pesar de tratarse de un impuesto progresivo, los muy limitados ingresos que se obtienen del IRPF restringen su efecto en la redistribución de los ingresos. En los Estados miembros de la OCDE, aun cuando las transferencias suelen desempeñar un papel mucho más significativo en la reducción de las brechas fiscales, los impuestos, en general, y el IRPF, en particular, tienen un efecto importante en la redistribución de los ingresos. Como promedio, tres cuartas partes de la reducción de la desigualdad entre los ingresos de mercado y disponibles se debe a transferencias, mientras que los impuestos justifican el cuarto restante de la redistribución (véase la figura 3.13). Sin embargo, en Costa Rica el IRPF no contribuye a reducir la desigualdad entre los ingresos. Aun cuando este impuesto está diseñado como progresivo, en la práctica eleva muy poco los ingresos con influencia en la distribución de los ingresos. La limitada recaudación que se obtiene es uno de los factores que explican la diferencia tan pequeña entre los coeficientes de Gini antes y después de impuestos y transferencias en Costa Rica, en comparación con otros países (véase la figura 3.13).

Tabla 3.4. **IRPF: tarifas promedio observadas por decil de ingresos**

Deciles	I	II	III	IV	V	VI	VII	VIII	IX	X	Media
Argentina	2.6	3.1	3.9	6	7.7	8.6	10.1	11.9	14.3	20.5	**8.9**
Bolivia	0	0	0.6	2.6	4.1	5.4	6.7	7.7	8.8	11.3	**4.7**
Chile	0	0	0	0	0	0.1	0.1	0.3	0.8	10.4	**1.2**
Costa Rica	0	0	0.1	0.1	0.1	0.3	0.4	1.2	1.9	4.5	**0.9**
Honduras	0	0	0	0	0	0	0	0	0	5.8	**0.6**
Ecuador	0	0	0	0	0	0	0	0.3	0.9	2.6	**0.4**
México	–0.2	0	0.3	0.9	1.1	1.6	2.8	3.3	5.8	6.8	**2.2**
Paraguay	0	0	0	0	0	0	0	0	0	0.03	**0**
Perú	0.2	0.3	0.4	0.4	0.3	0.3	0.5	0.7	2.8	13.2	**1.9**
Rep. Dominicana	0	0	0	0	0	0	0	0	0.9	12.6	**1.4**
Uruguay	0	0	0	0	0	0.1	1.5	4.5	8.3	14	**2.8**
Media	**0.2**	**0.3**	**0.5**	**0.9**	**1.2**	**1.5**	**2**	**2.7**	**4**	**9.2**	**2.3**

Nota: Las tarifas proceden del ratio entre el impuesto o beneficio resultante, en el caso de las devoluciones, en el año fiscal y los ingresos brutos de cada decil de renta según la recaudación recibida por las administraciones tributarias. Estas tarifas indican la proporción que se ha abonado efectivamente de los ingresos brutos como impuesto sobre las rentas percibidas por el trabajo de las personas físicas.

Fuente: Barreix, A., J. C. Benitez y M. Pecho (Pendiente de publicación), "Revisiting Personal Income Tax", *OECD Development Centre Working Papers*, OECD Publishing, Paris.

Figura 3.13. **Reducción de la desigualdad de los ingresos debido a impuestos directos y prestaciones en efectivo en 2013**

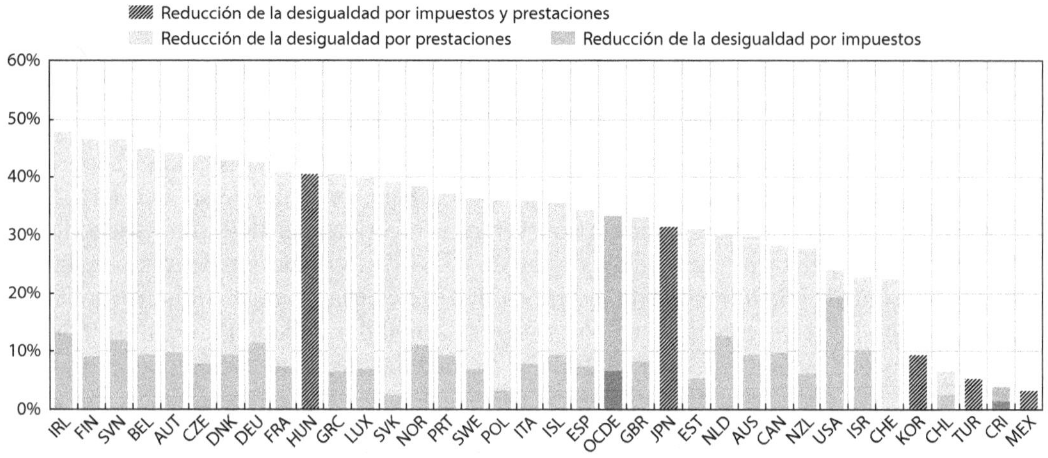

StatLink http://dx.doi.org/10.1787/888933545652

Nota: Los datos se refieren a 2009 para Japón, 2011 para Canadá, 2013 para Chile y 2015 para Costa Rica. Los datos de la OCDE se refieren al promedio simple (no ponderado) de sus Estados miembros.

Fuente: OCDE (Pendiente de publicación), *OECD Reviews of Labour Market and Social Policies: Costa Rica*, OECD Publishing, Paris, basado en OECD Income Distribution Database, http://oe.cd/idd.

La falta de integración entre los sistemas del IRPF y de las CSS limita la eficacia y el potencial redistributivo de los impuestos laborales

En Costa Rica, el sistema del IRPF y el de las CSS no están integrados. El sistema del Seguro Social costarricense es gestionado por varias instituciones, que son la CCSS, el Fondo de Desarrollo Social y Asignaciones Familiares (FODESAF), el Instituto Mixto de Ayuda Social (IMAS) y el Instituto Nacional de Aprendizaje (INA). La CCSS es, con diferencia, la más grande de ellas y constituye un mecanismo de distribución independiente que debe mantener su propio presupuesto equilibrado. Este objetivo resulta especialmente difícil de alcanzar, dado que algunas disposiciones relacionadas con la prestación de servicios de bienestar social, como la salud, son "universales"; es decir, de ellos se benefician unidades familiares que no contribuyen al seguro social. Así sucede, por ejemplo, con los trabajadores del sector informal de la economía. Para evitar la pobreza extrema, los trabajadores de la economía informal también tienen derecho a una pensión mínima, si bien es muy reducida. Además, la CCSS puede elevar las tasas de CSS sin la aprobación del Congreso, lo cual crea incertidumbre en trabajadores y empleadores.

La falta de integración de los sistemas del IRPF y de las CSS es uno de los problemas clave a los que Costa Rica hace frente en el ámbito del mercado de trabajo. Como esta entidad tiene que financiarse por sus propios medios, los fondos del Seguro Social que incluyen la CCSS terminan por aplicar tarifas muy elevadas, sin tener en cuenta su efecto económico sobre los incentivos del trabajo y en el costo de empleo. De ello se derivan también importantes factores que hacen que los trabajadores y sus empleadores no abandonen la economía informal.

Además de financiar los programas de seguridad social, las CSS de Costa Rica se utilizan para otros programas. Esta situación eleva todavía más la cuña fiscal sobre los salarios, lo que a su vez disuade de la creación y la formalización del empleo y reduce la progresividad del sistema tributario (véase anteriormente). El Gobierno no debería utilizar las CSS para financiar bancos públicos y programas contra la pobreza, sino que, para estos fines, tendría que recurrir a impuestos más progresivos, como el que se aplica sobre las utilidades de las personas físicas. No obstante, este cambio en las fuentes de financiamiento exigiría una mayor integración de las diferentes instituciones del sistema del Seguro Social, así como entre este sistema y el del IRPF.

Es posible mejorar la integración entre los sistemas del IRPF y el de las CSS de diferentes maneras. Las experiencias de los distintos países sobre esta cuestión son variadas. De los 32 Estados miembros de la OCDE con regímenes de CSS, 13 han integrado su recaudación con las operaciones de la administración tributaria, mientras que los demás las administran mediante entidades independientes del Seguro Social (aunque para el futuro se ha considerado promover la integración, o se han realizado estudios al respecto, en la República Checa, Grecia, Portugal y Eslovaquia). En aquellos países en los que existen entidades separadas para la recaudación tributaria y del seguro social, la superposición de las responsabilidades recaudatorias de los diversos entes y su base de clientes ofrece oportunidades para la cooperación y la ayuda mutua. Así sucede, por ejemplo, en lo que respecta al empleo de programas comunes de auditoría, intercambio de información entre los organismos, ayuda en la recaudación de CSS no pagadas y colaboración para simplificar los procedimientos de intercambio de información (OCDE, 2015). En general, este hecho subraya la importancia de digitalizar e intercambiar información. En este sentido, Costa Rica debe avanzar para adoptar un sistema en el que sea posible vincular la información tributaria con la del seguro social.

De este análisis se deducen las siguientes recomendaciones sobre política fiscal:

Recomendaciones

- Rebajar el umbral del IRPF por debajo del cual no debe tributarse.
- Hacer deducibles las CSS de los empleados dentro del marco del IRPF.
- Recaudar todas las CSS como parte de los ingresos reales.
- Considerar disminuir la carga tributaria que recae sobre los trabajadores de bajos ingresos mediante la reducción de las CSS o la introducción de un crédito fiscal por ingresos salariales.
- Valorar el financiamiento de algunas prestaciones sociales, en concreto los programas no contributivos, los del FODESAF y el IMAS, a través del recaudo obtenido de los impuestos generales.
- Posiblemente, facilitar un mayor acceso a créditos fiscales a las familias con hijos para rebajar su carga tributaria.
- Equiparar la tarifa del IRPF sobre los salarios y sobre los ingresos empresariales por actividades ejercidas a nivel personal.
- Introducir tramos adicionales en el IRPF y, en concreto, con el tiempo, elevar la tarifa máxima de este impuesto.
- Pasar de una base de evaluación mensual a una anual para los IRPF, y permitir que los contribuyentes que perciben ingresos laborales presenten una declaración de impuestos al final del ejercicio.
- Incrementar los esfuerzos para abordar la evasión de impuestos por los profesionales liberales.
- Mejorar la integración de los sistemas del IRPF y de las CSS, mediante el fomento del intercambio de información.

Nota

1. La tabla 3.1 en la base de datos de impuestos de la OCDE ofrece más información sobre la deducibilidad de las contribuciones al seguro social de los empleados de la base gravables del IRPF: ver www.oecd.org/ctp/tax-policy/Table%20III.1-Mar-2015.xlsx.

Bibliografía

Andrews, D., A. Caldera Sánchez y Å. Johansson (2011), "Towards a Better Understanding of the Informal Economy", *OECD Economics Department Working Papers*, No. 873, OECD Publishing, Paris, http://dx.doi.org/10.1787/5kgb1mf88x28-en.

Barreix A., J.C. Benitez y M. Pecho (2017), "Revisiting personal income tax", *OECD Development Centre Working Papers*, OECD Publishing, Paris, http://dx.doi.org/10.1787/16d42b4a-en.

Brys, B., S. Perret, A. Thomas y P. O'Reilly (2016), "Tax design for inclusive economic growth", *OECD Taxation Working Papers*, No. 26, OECD Publishing, Paris, http://dx.doi.org/10.1787/5jlv74ggk0g7-en.

CGR (2016), *Informe de Auditoría de Carácter Especial sobre el Impuesto a las utilidades de las Personas Físicas y Jurídicas, con Actividad Económica Lucrativa, que Prestan Servicios Profesionales*, INFORME No. DFOE-SAF-IF-14-2016.

FMI (2015), "Current Challenges in Revenue Mobilization: Improving Tax Compliance", *Policy Papers*, IMF Staff Report, Fondo Monetario Internacional.

Lehmann, H. y A. Muravyev (2012), "Labour market institutions and informality in transition and Latin American countries", *IZA Discussion Papers*, No. 7035, Bonn.

OCDE/BID/CIAT (2016), *Taxing Wages in Latin America and the Caribbean 2016*, OECD Publishing, Paris, http://dx.doi.org/10.1787/9789264262607-en.

OCDE (Pendiente de publicación), "OECD Reviews of labour market and social policies: Costa Rica", OECD Publishing, Paris.

OCDE (2016), *Taxing Wages 2016*, OECD Publishing, Paris, http://dx.doi.org/10.1787/tax_wages-2016-en.

OCDE (2015), *Tax Administration 2015: Comparative Information on OECD and other Advanced and Emerging Economies*, OECD Publishing, Paris, http://dx.doi.org/10.1787/tax_admin-2015-en.

Perry, G., W. Maloney, O. Arias, P. Fajnzylber, A. Mason y J. Saavedra (2007), "Informality: exit and exclusion", *The World Bank Latin American and Caribbean Studies*, Grupo del Banco Mundial, Washington DC.

Torres, C., K. Mellbye y B. Brys (2012), "Trends in personal income tax and employee social security contribution schedules", *OECD Taxation Working Papers*, No. 12, OECD Publishing, Paris, http://dx.doi.org/10.1787/5k95qw9633vf-en.

Capítulo 4

Aplicación de un sistema de IVA moderno en Costa Rica

Este capítulo analiza el impuesto sobre las ventas en Costa Rica, que cuenta con una estrecha base gravable y no grava a los servicios en general. Se trata del efecto del impuesto sobre las ventas en el comercio nacional e internacional. El capítulo se centra también en la regresividad del impuesto sobre las ventas en la parte más alta de la distribución de los ingresos, como consecuencia de las exenciones fiscales que benefician principalmente a los más ricos. Costa Rica está planificando la introducción de un sistema de impuesto al valor agregado (IVA) mejor diseñado y de base amplia, que grave tanto los bienes como los servicios, de modo que se generen ingresos adicionales y se eliminen las distorsiones existentes en lo que respecta al impuesto sobre las ventas. Se abordan, además, los planes para atenuar los efectos distributivos de un IVA de base amplia mediante transferencias bien dirigidas.*

Los datos estadísticos para Israel son suministrados por y bajo la responsabilidad de las autoridades israelíes competentes. El uso de estos datos por la OCDE es sin perjuicio del estatuto de los Altos del Golán, Jerusalén Este y los asentamientos israelíes en Cisjordania bajo los términos del derecho internacional.

*En los Estados miembros de la OCDE, "exclusión" (*exemption* en inglés) se refiere normalmente a los bienes y servicios comercializados sobre los cuales no se puede recuperar el IVA pagado en la adquisición de sus insumos. En contraste, "exención" (*zero-rating* en inglés), se refiere a la situación en la que los bienes y servicios están gravados con una tarifa del 0%, dando derecho a recuperar el IVA pagado en los insumos. Esta terminología será utilizada a lo largo de este capítulo.

Los ingresos del impuesto general sobre las ventas son inferiores a los asociados a los sistemas de IVA típicos en países similares a Costa Rica

Los ingresos del impuesto general sobre las ventas son bajos en términos comparativos. En Costa Rica, los ingresos obtenidos del impuesto general sobre las ventas supusieron en 2014 en torno al 4.7% del PIB y el 21.1% de la recaudación tributaria total. Estas cifras son reducidas en comparación con la recaudación promedio por IVA en los Estados miembros de la OCDE y otros países de América Latina. En los Estados miembros de la OCDE, la recaudación del IVA significó, como promedio, el 6.6% del PIB y el 19.5% de la recaudación tributaria total en 2013; en América Latina sumó, como promedio, en torno al 6.3% del PIB y el 29.8% de la recaudación tributaria total en 2014 (véase la figura 4.1). Como se ha indicado anteriormente, el principal factor que explica esta recaudación tributaria comparativamente baja de Costa Rica es que la base impositiva sea tan estrecha.

Figura 4.1. **Recaudación del IVA como proporción del PIB en los países de ALC y la OCDE, promedio de 2014**

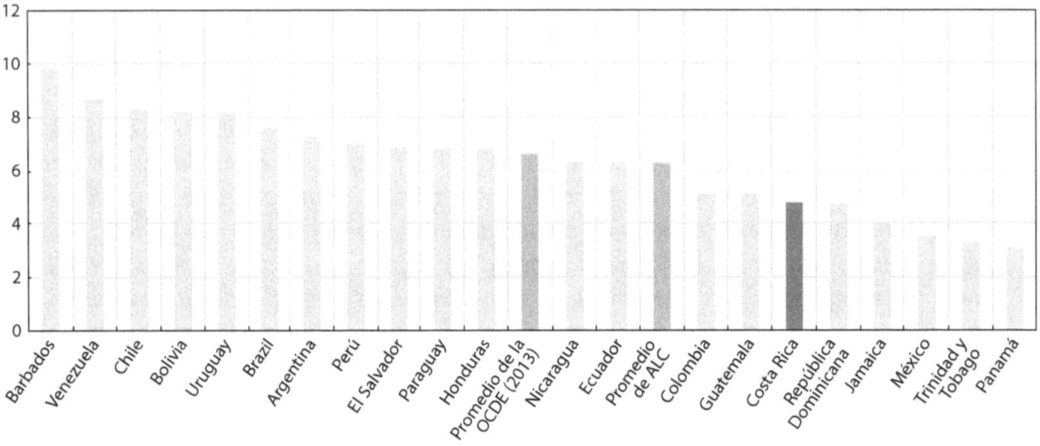

StatLink http://dx.doi.org/10.1787/888933545671

Fuente: Estadísticas tributarias en América Latina y el Caribe (OCDE, 2016).

La reforma actualmente en estudio prevé generar mayores recaudos por cambios en el sistema de IVA. De acuerdo con estos cálculos del Gobierno, la reforma del IVA generará una recaudación adicional de un 1% del PIB, mientras que la reforma del impuesto sobre la renta debería aportar un aumento de los ingresos en torno al 0.6% del PIB. Uno de los principales cambios propuestos como parte de la reforma del IVA es una ampliación importante de la base gravable para incluir todos los servicios. Esta iniciativa ayudaría a situar la recaudación del IVA en Costa Rica en un nivel similar al de otros países comparables, aunque no será suficiente para resolver los problemas de sostenibilidad fiscal del país.

El aumento de la recaudación a través del IVA podría ser menos perjudicial para el crecimiento económico que la elevación de los ingresos mediante impuestos alternativos, de mayor efecto distorsionador. El informe *Tax and Economic Growth* de la OCDE de 2010 –que analizó cuatro grandes categorías de impuestos en términos de su influencia negativa sobre el PIB per cápita a largo plazo– situó el impuesto sobre el consumo en el segundo lugar más bajo en lo que respecta al daño que supone para el crecimiento económico, después de los impuestos sobre bienes inmuebles y por delante de otros impuestos sobre la propiedad e impuestos sobre la renta(OCDE, 2010). Así pues, el IVA suele considerarse un impuesto comparativamente eficaz para aumentar la recaudación, sobre todo en un país con tarifas generales de IVA relativamente bajas, como es el caso de Costa Rica. Además, como se verá más adelante en este capítulo, un sistema de IVA bien diseñado puede incentivar a las empresas a integrarse al sector económico formal y a contribuir, por tanto, a reducir el problema de la economía sumergida o informal (véase más adelante).

El impuesto general sobre las ventas de Costa Rica tiene una base muy estrecha y no se aplica a los servicios en general

El impuesto general sobre las ventas de Costa Rica tiene una base muy estrecha. El sistema actual del impuesto general sobre las ventas se aplica a todos los bienes, salvo a los explícitamente excluidos por ley. Entre los bienes excluidos del impuesto están los de la canasta básica de consumo, integrada por más de 250 artículos; los productos esenciales para la educación; los medicamentos; los productos agrícolas; algunos bienes culturales; el queroseno, y la cantidad de energía eléctrica consumida al mes cuando no supera los 250 kW/h. Por otra parte, para los servicios, el impuesto general sobre las ventas no suele gravarlos, salvo para los casos incluidos explícitamente por la legislación. Entre los servicios gravables están los de los restaurantes y los hoteles, el acceso a Internet, los seguros, los servicios de telecomunicaciones, las entradas de cine, y el mantenimiento y la reparación de vehículos, así como los servicios prestados por talleres de reparaciones para todo tipo de mercaderías. Los servicios no mencionados expresamente por la ley no están sujetos al impuesto general sobre las ventas. Algunos ejemplos de servicios excluidos son la asistencia médica, la educación, los servicios profesionales y los de construcción. Dado que, en términos generales, los servicios quedan excluidos, el actual impuesto general sobre las ventas en Costa Rica no presenta las características básicas de lo que se considera un sistema de IVA moderno.

La estrecha base del impuesto general sobre las ventas se traduce en una importante pérdida del potencial recaudatorio. De acuerdo con el último informe sobre gastos fiscales, los asociados al impuesto general sobre las ventas por los bienes excluidos del impuesto sumaron el 1.44% del PIB, mientras que los asociados a los servicios excluidos se situaron en el 1.19% del PIB, según datos de 2015. En comparación, los gastos fiscales totales según el impuesto sobre la renta de las personas físicas y las empresas se estimaron en torno al 1.84% del PIB. Es importante puntualizar que el actual impuesto general sobre las ventas es un legado de los inicios de los años ochenta y que, desde entonces, la proporción de los servicios sobre el consumo total ha experimentado un notable aumento. Así pues, la exclusión aplicada a un gran número de servicios ha supuesto una pérdida recaudatoria cada vez mayor para Costa Rica.

Debido a la estrecha base del impuesto general sobre las ventas en Costa Rica, la proporción de recaudación por el IVA (VRR, *VAT revenue ratio*) es baja. La VRR es la proporción entre los ingresos recaudados en realidad por el IVA (o por el impuesto general sobre las ventas, en el caso de este país) y los que se habrían obtenido si se aplicara un tipo de IVA estándar (o del impuesto general sobre las ventas) de manera uniforme para todo el consumo final y se administrara y aplicara a la perfección. Por tanto, es un indicador tanto de la amplitud de la base del IVA como de la eficacia de la administración tributaria al hacer cumplir el pago de este impuesto. Como se muestra en la figura 4.2, la VRR en Costa Rica es de 0.46, un valor bajo en comparación con los promedios registrados en ALC y la OCDE. Ello significa que el 54% del consumo total en Costa Rica elude la tributación a la tarifa general de IVA. Este bajo nivel de VRR refleja, en gran medida, la estrechez de la base del IVA en el país, así como la existencia de evasión del impuesto (véase más adelante).

Figura 4.2. **Ratio de recaudación por concepto de IVA en países de ALC y la OCDE, promedio de 2014**

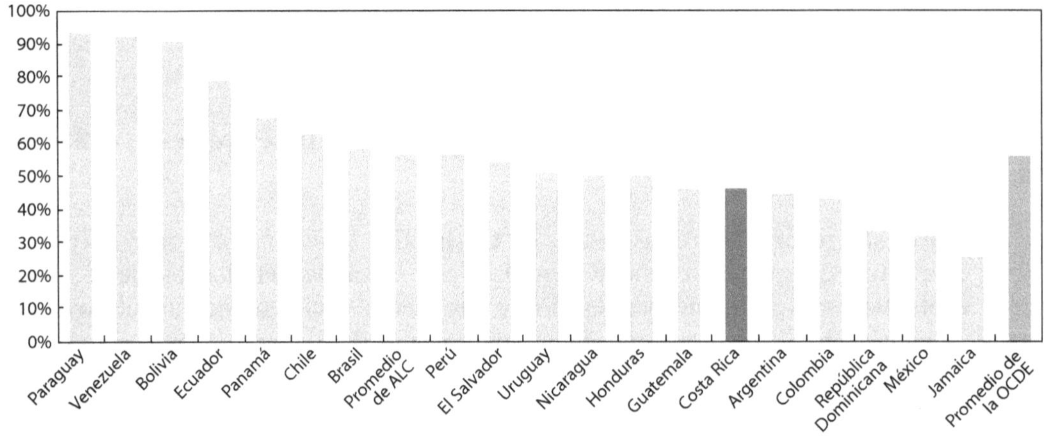

StatLink http://dx.doi.org/10.1787/888933545690

Fuente: Cálculos de los autores.

Además, los servicios excluidos reducen enormemente la neutralidad del impuesto general sobre las ventas. Para los servicios no gravados, el impuesto general sobre las ventas pagado en los insumos no puede recuperarse, lo que se traduce en que este impuesto representa un costo directo para las empresas que ofrecen servicios no gravados. Por el contrario, los productores nacionales de servicios gravados pueden deducirse el impuesto general sobre las ventas pagado sobre los insumos. A escala internacional, los servicios costarricenses destinados a consumo en el exterior están excluidos del impuesto general sobre las ventas, por lo que sus productores no tienen derecho a deducirse el impuesto asociado a sus servicios, lo que limita su competitividad frente a los proveedores de esos servicios en otros países, que sí pueden deducirse el IVA. De hecho, los precios de los servicios costarricenses consumidos en el exterior comprenden los costos de los bienes que se utilizaron para producirlos, aunque el impuesto general sobre las ventas de esos bienes no puede recuperarse. El carácter irrecuperable del impuesto general sobre las ventas se integra, por lo general, en el precio de venta, con lo cual las empresas costarricenses que prestan esos servicios se encuentran en una situación de desventaja competitiva. Este factor va en contra de los principios fundamentales de neutralidad, según los cuales la carga del IVA no debe recaer sobre las empresas sino sobre los consumidores finales y, en virtud de ello, las empresas extranjeras no deberían estar en situación de ventaja o desventaja con respecto a las nacionales.

Gravar los bienes pero no los servicios plantea otras dificultades en las ventas, donde el precio incluye un componente de bienes y otro de servicios. Las reglas del actual impuesto general sobre las ventas en Costa Rica implican que, en principio, el precio de venta debe dividirse en una parte para los bienes gravables y en otra para los servicios excluidos que se comercializan conjuntamente con dichos bienes. Con ello se incentiva que el precio de los servicios no gravados sea superior al que deberían tener y que el de los bienes declarados sea inferior, con objeto de reducir al mínimo el impuesto que debe abonarse sobre el precio de venta; esta posibilidad de minimizar el impuesto general sobre las ventas animaría a las empresas a vender productos combinados de bienes y servicios. Para evitar prácticas de erosión de la base imponible del impuesto general sobre las ventas, Costa Rica recauda el impuesto incluso sobre la parte del precio que vincula los servicios que se ofrecen junto con los bienes, aun cuando tales servicios no tributarían si se vendieran por separado. Únicamente queda excluido el valor de los servicios proporcionados por terceros y que se facturan y declaran de forma independiente. Por tanto, las empresas costarricenses que ofrecen bienes y servicios combinados (con lo que el impuesto general sobre las ventas se recauda sobre el precio total) se encuentran en una situación de desventaja competitiva con respecto a las que ofrecen los servicios por separado (no sujetas al impuesto). El actual impuesto general sobre las ventas podría actuar como un elemento distorsionador de las decisiones comerciales de las empresas sobre la organización de sus actividades. No obstante, en la práctica, muchos de los servicios que normalmente se comercializan junto con los bienes, como la reparación y el mantenimiento, han sido recogidos por la ley explícitamente como no excluidos del impuesto.

El principal objetivo de la reforma propuesta es sustituir el actual impuesto general sobre las ventas por un sistema de IVA, en el que los servicios serían gravables en términos generales, y solamente un número limitado de bienes y servicios quedarían excluidos de impuestos. Según esta reforma, el IVA se aplicaría, en general, a la venta de bienes y al suministro de todos los tipos de servicios en Costa Rica.

La tarifa actual del impuesto general sobre las ventas es relativamente baja

La tarifa estándar del impuesto general sobre las ventas en Costa Rica es baja en comparación con las tarifas de IVA que se aplican en la mayoría de los Estados miembros de la OCDE. La tarifa estándar del impuesto general sobre las ventas en Costa Rica es del 13%. A la venta de la madera se le aplica una tarifa reducida del 10%, y al consumo de electricidad en los hogares, una tarifa reducida del 5%. Así, la tarifa estándar de este impuesto es significativamente inferior a la tarifa estándar promedio del IVA en los Estados miembros de la OCDE, que es del 19.2% (véase la figura 4.3). En la OCDE, únicamente la República de Corea, Australia, Suiza y Japón recaudan un IVA a una tarifa estándar inferior a la de Costa Rica. La tarifa estándar en Costa Rica de este impuesto está más en línea con las tarifas estándar del IVA en otros países de América Central y América

Figura 4.3. **Tarifas estándar del IVA en países de la OCDE y Costa Rica en 2016**

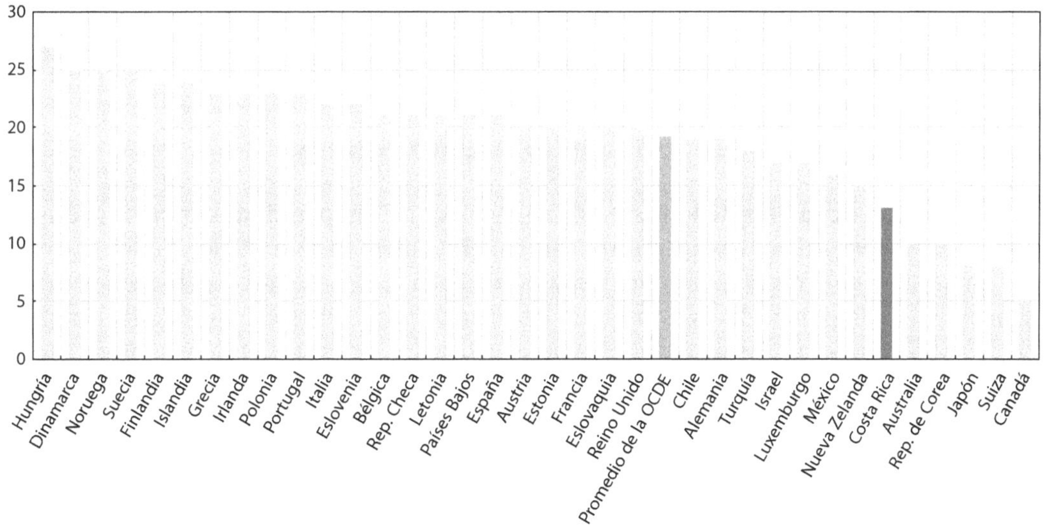

StatLink http://dx.doi.org/10.1787/888933545709

Notas: 1. La tarifa del IVA en Canadá es, como promedio, del 15% cuando se tiene en cuenta el impuesto armonizado o los impuestos provinciales sobre las ventas.

2. Información sobre los datos para Israel: http://dx.doi.org/10.1787/888932315602.

Fuente: Base de datos fiscales de la OCDE.

del Sur, aunque es relativamente baja, en comparación con la de las naciones de su misma región (véase la figura 4.4).

Figura 4.4. **Tarifas estándar del IVA en países de América Central y América del Sur en 2016**

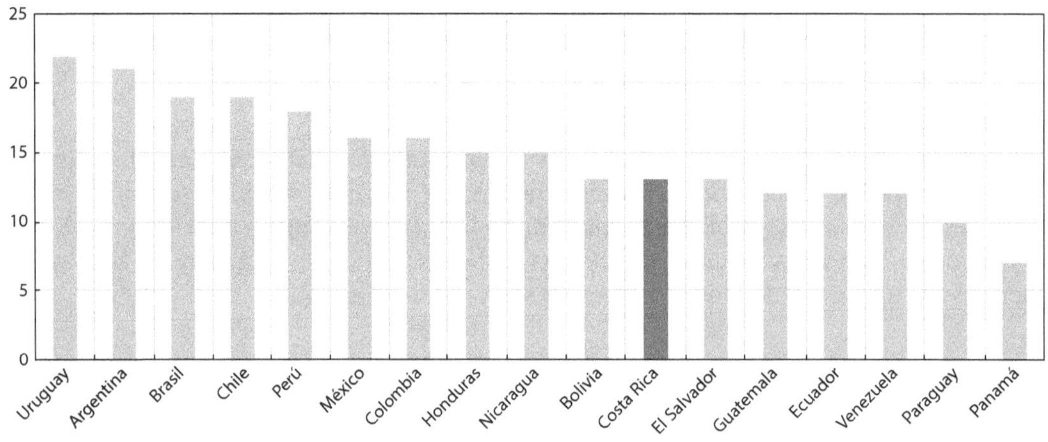

StatLink http://dx.doi.org/10.1787/888933545728

Fuente: KPMG.

Con la reforma planteada, la tarifa estándar del IVA se mantendría y se introduciría una nueva tarifa reducida de IVA. La propuesta de reforma inicial proponía elevar la tarifa estándar al 15% e incluir una tarifa reducida del 5%, que se incrementaría gradualmente, sobre las ventas de algunos de los bienes y servicios que continuarían estando excluidos, como los equipos y la maquinaria utilizados para la producción de bienes que forman parte de la canasta básica de consumo, las materias primas empleadas en la producción de medicamentos, los servicios utilizados en la fabricación de productos agrícolas o agroindustriales, y los billetes de avión para vuelos nacionales o internacionales con origen en Costa Rica. El último proyecto de reforma propone mantener la tarifa estándar del IVA en el 13% y una tarifa reducida del 4%. Además, la tarifa reducida se aplicaría también a los servicios educativos y de salud privados.

El actual impuesto general sobre las ventas es también regresivo

Un aspecto de interés de los sistemas de IVA es que son percibidos como regresivos, aunque las evidencias al respecto no son concluyentes. El IVA suele percibirse como un impuesto que grava de forma desproporcionada a los sectores con menor poder adquisitivo de la población. No obstante, las conclusiones sobre los efectos distributivos del IVA difieren según los distintos estudios. La conclusión de que el IVA es un impuesto regresivo procede del análisis de las cargas asociadas a este impuesto medidas como el porcentaje de los ingresos corrientes en la distribución de los ingresos. Sin embargo, los estudios que muestran la carga del IVA como una proporción de los gastos corrientes en la distribución de los ingresos o de los gastos indican que los sistemas de IVA son relativamente proporcionales o incluso ligeramente progresivos. El principal factor que explica la diferencia en los resultados entre estos dos enfoques es la conducta del ahorro. Las tasas de ahorro suelen aumentar conforme lo hacen los ingresos, lo que significa que la cantidad de ingresos exentos del IVA de las unidades familiares con mayores ingresos suele ser proporcionalmente mayor (actualmente) que la de las de menor poder adquisitivo (OCDE/KIPF, 2014).

Muchos países han intentado abordar la regresividad (percibida) del IVA mediante exclusiones o tarifas reducidas, pero raras veces han orientado bien su objetivo. Las exclusiones del IVA o las tarifas reducidas, se han utilizado a menudo como un modo de apoyo a los sectores con bajo poder adquisitivo. Algunos ejemplos típicos son las exclusiones del IVA o las tarifas reducidas en alimentos y otros productos básicos. Sin embargo, estas exclusiones o tarifas reducidas no suelen estar bien enfocadas. De acuerdo con las evidencias disponibles –al menos en los Estados miembros de la OCDE–, en general, mientras se busca apoyar más a los sectores con menor poder adquisitivo –según los ingresos o gastos de las unidades familiares en valor absoluto–,los sectores más pudientes se benefician de las tarifa reducidas de IVA igual pero con más frecuencia que los más empobrecidos. Este resultado no debe sorprender, ya que los ciudadanos con mayor poder adquisitivo consumen un mayor número de productos y, a menudo, estos son más costosos. Así pues, como mejor modo de apoyar a las unidades familiares de bajos ingresos, la OCDE ha recomendado en general utilizar transferencias directas de efectivo en lugar de tarifas reducidas de IVA sobre productos básicos. No obstante, en ausencia de sistemas de transferencia bien diseñados, es probable que sea más adecuado utilizar tarifas reducidas de IVA sobre bienes y servicios que suelen ser consumidos por los sectores menos favorecidos (OCDE/KIPF, 2014; véase también el recuadro 4.1).

Recuadro 4.1. **Efectos distributivos de las tarifas reducidas de IVA**

Con las excepciones de Chile y Japón, todos los Estados miembros de la OCDE tienen una o varias tarifas reducidas de IVA, dirigidas a distintos objetivos de política pública. Un motivo importante para introducir una estructura diferenciada de tarifas es la promoción de la equidad. En general, se ha considerado conveniente mitigar la carga tributaria sobre los bienes y servicios que conforman una proporción elevada de los gastos de las unidades familiares que cuentan con menos recursos (p. ej., alimentos básicos, agua). A menudo, se opta también por no gravar los medicamentos, los servicios de salud y la vivienda con tarifas altas. Las tarifas reducidas de IVA se han utilizado igualmente para estimular el consumo de bienes de "interés social" (p. ej., productos culturales y educación) y otros objetivos no distributivos, como la promoción de actividades intensivas locales (como el turismo) y la corrección de los factores externos (p. ej., electrodomésticos que ahorran energía).

En general, las exclusiones de IVA, las exenciones y las tarifas reducidas no son herramientas adecuadamente orientadas para ayudar a las unidades familiares con menores ingresos. Las tarifas reducidas que se aplican en los países por motivos distintos al apoyo a los sectores con menor poder adquisitivo (para mejorar la capacidad de distribución de los recursos) tienen, normalmente, el efecto progresivo deseado. Por ejemplo, las tarifas reducidas sobre los alimentos básicos, en general, prestan mayor soporte a los sectores más empobrecidos que a los más pudientes en proporción con la relación de ingresos y gastos. No obstante, pese al efecto progresivo observado, estas tarifas reducidas de IVA son una herramienta de muy poca utilidad para ayudar a los sectores con menos recursos. Estos, en el mejor de los casos, se benefician prácticamente lo mismo, en valor absoluto, que las unidades familiares con mayor poder adquisitivo. En el peor de los casos, los sectores más pudientes obtienen beneficios muy superiores. Este resultado no debe sorprender, ya que es lógico que las unidades familiares con más recursos consuman más productos, y a menudo más costosos, que las pobres. Así, si bien es cierto que estos últimos se beneficiarán de una tarifa reducida de IVA sobre los "productos básicos", los sectores más pudientes lo harán todavía más (OCDE/KIPF, 2014).

Recuadro 4.1. **Efectos distributivos de las tarifas reducidas de IVA** *(continuación)*

Los programas de transferencias de efectivo extendidos a toda la población, si funcionan bien, constituyen una herramienta eficaz para compensar a las unidades familiares con menor poder adquisitivo por el IVA que han pagado. Si fuera posible compensarlas directamente mediante un programa de transferencia de efectivo, resultaría más eficaz y más justo gravar todos los bienes y servicios con la tarifa estándar de IVA y compensar directamente mediante dichas transferencias (y/o con reducciones sobre el IRPF, etc.), especialmente si la tarifa estándar de IVA no es demasiado alta. Sin embargo, debe observarse que, en la práctica, sería muy difícil compensar a través de un programa de transferencias a todos los que resulten perjudicados (y solo a ellos) por la reforma.

Los argumentos distributivos en favor de la diferenciación de las tarifas de IVA pueden ser más convincentes cuando los países no tienen la capacidad administrativa para proporcionar transferencias más directas a las unidades familiares con menor poder adquisitivo. En ausencia de programas funcionales de transferencia de efectivos que puedan llegar a estos sectores, podría valorarse la opción de imponer tarifas reducidas o cero de IVA sobre los bienes consumidos típicamente por las unidades familiares con menor poder adquisitivo, al menos en el corto plazo.

En lo que respecta a las disposiciones de IVA preferentes para objetivos sociales, culturales y otros no distributivos, las unidades familiares de mayor poder adquisitivo se benefician notablemente más de las exclusiones y de las tarifas reducidas de IVA. Estas disposiciones fiscales a menudo proporcionan un beneficio tan importante a las unidades familiares de mayor poder adquisitivo que, en realidad, la tarifa reducida de IVA tiene un efecto regresivo, al ser más beneficiosa en términos agregados y en proporción con los gastos para los más pudientes. Por ejemplo, las tarifas reducidas sobre los servicios de hoteles y restaurantes beneficia mucho más a dichos sectores, tanto en términos agregados como proporcionales, en todos los Estados miembros de la OCDE en los que se aplican. Se registran resultados similares, aunque de menor magnitud absoluta, para las tarifas reducidas sobre libros, cine, teatro y conciertos.

Por último, desde un punto de vista político, la diferenciación de la tarifa de IVA podría no ser el mejor instrumento para corregir los factores externos negativos. La diferenciación de la tarifa de IVA puede mejorar la eficiencia si lleva a que los costos marginales internos de una actividad se acerquen más a los costos marginales para la sociedad. No obstante, el IVA es un instrumento poco útil para corregir las externalidades del medio ambiente, dada la dificultad de alcanzar el objetivo de combatir la fuente de contaminación. Por ejemplo, las tarifas reducidas sobre los electrodomésticos que ahorran energía pueden impulsar su demanda y, con ello, estimular su consumo. Las tarifas reducidas de IVA incentivarían la compra de artículos que consumen menos energía (p. ej., los consumidores cambiarían su frigorífico antiguo por uno nuevo). No obstante, esta dinámica puede inducir también a un aumento en la compra de productos con alto consumo de energía (p. ej., si además de cambiar de frigorífico se compra un congelador) (Copenhagen Economics 2007, Study on Reduced VAT Applied to Goods and Services in Member States in the EU).

Fuente: OCDE/KIPF (2014).

En Costa Rica, el impuesto general sobre las ventas es proporcional para las unidades familiares con ingresos bajos y medios y ligeramente regresivo para los de mayores ingresos. La figura 4.5 muestra la distribución de la carga del impuesto general sobre las ventas como una proporción del consumo por decil de ingresos. Señala que la carga tributaria es aproximadamente proporcional hasta el séptimo decil de ingresos, pero se vuelve regresiva después del octavo. Por ejemplo, mientras los pagos del impuesto general sobre las ventas suponen el 5.9% del consumo como promedio para el 10% de los ingresos más bajos, suman el 4.6% como promedio para el 10% de los ingresos más altos. Esta tendencia sugiere que las unidades familiares con mayor poder adquisitivo gastan una mayor proporción de sus ingresos totales en artículos exentos del impuesto.

Figura 4.5. **Distribución de la carga del impuesto general sobre las ventas como una proporción de gastos de consumo por decil de ingresos**

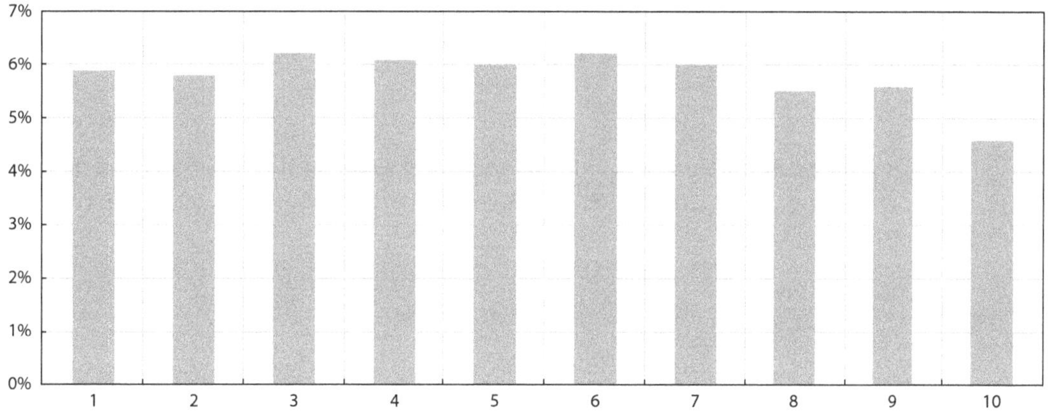

StatLink http://dx.doi.org/10.1787/888933545747

Fuente: Ministerio de Hacienda (2016).

La regresividad del IVA en el segmento superior de la distribución de la renta refleja el hecho de que las exclusiones del impuesto general sobre las ventas benefician principalmente a las personas con mayor poder adquisitivo. Como en muchos otros países, las exclusiones del IVA o el impuesto general sobre las ventas son regresivas. La figura 4.6 muestra que el 30% de las unidades familiares con ingresos más bajos se beneficia únicamente del 17% de las exclusiones, mientras que el 30% de los sectores más pudientes alcanzan un nivel de beneficio tres veces mayor (51%). La exclusión de los servicios tiene efectos distributivos negativos, ya que constituye una alta proporción del consumo para las unidades familiares de mayores ingresos. Para estas, los servicios

Figura 4.6. **Distribución de exclusiones por decil de ingresos expresado como porcentaje del PIB**

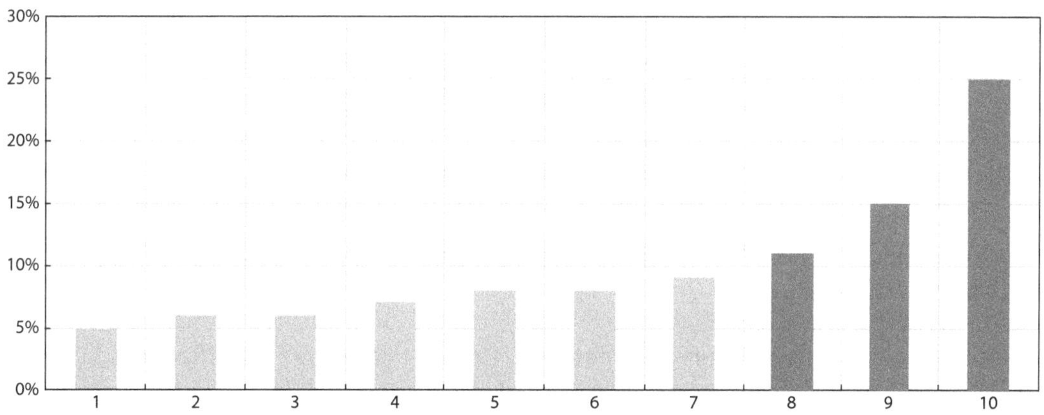

StatLink http://dx.doi.org/10.1787/888933545766

Fuente: Ministerio de Hacienda (2016).

representan una mayor parte de su consumo total. La figura 4.7 muestra el ratio de consumo del 20% del segmento superior de la distribución de los ingresos con respecto al 40% del segmento inferior para diferentes categorías de servicios. En el caso de la salud privada, por ejemplo, el quintil de ingresos más altos consume 6.9 veces más que los dos quintiles inferiores; en el transporte y las comunicaciones, el quintil superior consume 5.3 veces más que el 40% inferior, y en el ámbito de la educación, la cultura y el ocio, el 20% superior consume 4.9 veces más que el 40% inferior. Dado que las personas con mayor poder adquisitivo extraen mucho mayor rédito a las exclusiones, la carga del IVA en los deciles superiores de ingreso podría haber sido todavía más baja. Del dato de que el decil de ingresos superior tiene un taifa promedio de IVA del 4.6% puede desprenderse que las unidades familiares con mayor poder adquisitivo compran más, pero también que consumen más bienes y servicios con mayor gravamen.

Figura 4.7. **Ratio de consumo entre el 20% del segmento superior de la distribución de los ingresos y el 40% del segmento inferior**

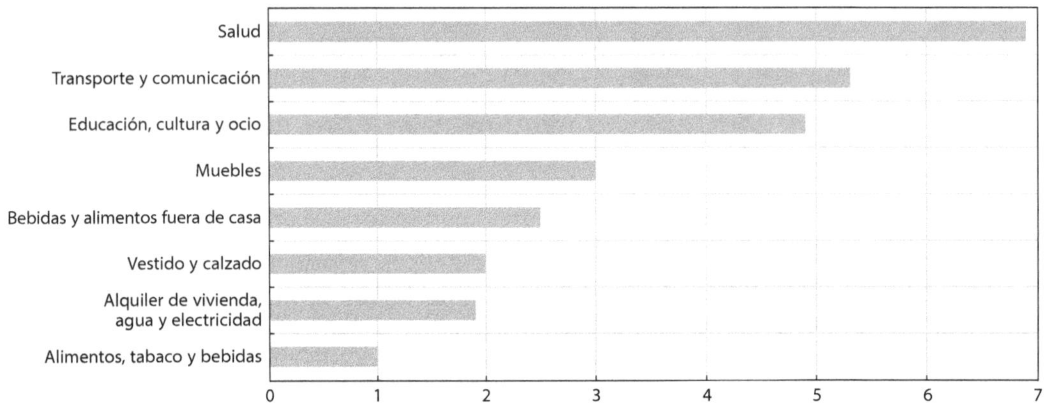

StatLink http://dx.doi.org/10.1787/888933545785

Fuente: Basado en «Encuesta Ingresos y Gastos de los Hogares 2004» en Rodríguez Garro F., Sancho Mora, F., y Fonseca Hernández, R. (2015). "Bases para un sistema tributario progresivo en Costa Rica", *Revista Pensamiento Actual*, Vol. 15, No. 24, Universidad de Costa Rica – Sede de Occidente.

Según la actual propuesta de reforma, varias exclusiones regresivas quedarían sujetas a una tarifa reducida de IVA del 4%. El proyecto de reforma tributaria prevé una importante disminución del número de exclusiones, que incluye una reducción de la canasta básica de consumo y el gravamen de servicios de salud y educación privados, en la actualidad excluidos, a la tarifa reducida de IVA del 4%. Si bien se trata de un paso en la dirección correcta, probablemente esta reducción de las tarifas de IVA seguirá aportando mayores beneficios a las unidades familiares de mayor poder adquisitivo. Así pues, debe valorarse como opción ampliar la base del IVA eliminando otras exclusiones y tarifas reducidas.

La utilización generalizada de la tarifa cero genera pérdidas recaudatorias importantes y costos administrativos

El impuesto general sobre las ventas de Costa Rica utiliza ampliamente la tarifa "casi" cero. En un IVA regular, las empresas que comercializan bienes o servicios excluidos de tributación no pueden recuperar el IVA pagado en la adquisición de insumos, que se convierte en un costo para ellas. Por tanto, en general, se aconseja limitar en la mayor medida posible el empleo de exclusiones, dado que infringen los principios fundamentales del IVA. Para evitar estas distorsiones, los bienes excluidos del impuesto, tal como se definen en el artículo 9 de la Ley del Impuesto General sobre las Ventas, en la práctica tributan a una tarifa de cero, lo que significa que el impuesto sobre las ventas de los insumos, dentro de una serie de restricciones (ver más adelante), puede ser recuperado por los productores de bienes excluidos del impuesto.

Permitir la recuperación del IVA de los insumos en la producción de suministros excluidos del impuesto resulta muy costoso en términos de pérdida recaudatoria y es difícil de controlar. La tarifa cero implica que una cantidad de los bienes gravados comercializados en Costa Rica (es decir, los utilizados en la producción/venta de productos excluidos) también escapan a la tributación del impuesto general sobre las ventas. En este caso, las exclusiones con pleno derecho al crédito fiscal se traducen en una pérdida directa e indirecta de los ingresos del impuesto general sobre las ventas. Es preciso mencionar también que la aplicación de una tarifa cero es muy difícil de controlar. Por ejemplo, las reclamaciones de devolución del IVA, en particular mediante el uso de facturas falsas o la consideración fraudulenta de ventas como si tuvieran tarifa cero, ya sea en las provisiones nacionales o en los bienes exportados, suponen un problema al que se han de enfrentar todos los países.

Debido al costo y a las dificultades administrativas asociadas con las tarifas cero, los productores y exportadores de bienes excluidos de IVA pueden obtener insumos libres de impuesto sobre las ventas sobre compras autorizadas. Esta medida persigue reducir el volumen de las devoluciones reclamadas por las empresas que venden sobre todo a tarifas cero y que, por tanto, se encuentran en una posición estructural de exceso de crédito fiscal por el impuesto pagado en la adquisición de los insumos. Este sistema exige a las empresas que obtengan una autorización que permita a sus proveedores no cargar el impuesto sobre las ventas. Sin embargo, este sistema podría agravar el problema en lugar de resolverlo. La empresa que suministra insumos libres del impuesto general sobre las ventas a productores autorizados de bienes exentos del impuesto y a exportadores conserva el derecho a recuperar el impuesto asociado en que ha incurrido. En consecuencia, podría ser ella la que reclamara la devolución y no los productores autorizados de bienes excluidos del impuesto y los exportadores. De esta forma, el problema de las devoluciones del impuesto general sobre las ventas se trasladaría de un número limitado de productores y exportadores, a menudo bien conocidos, a una cantidad potencialmente elevada de proveedores. Este sistema deja también abierta la puerta a una utilización abusiva, sobre todo a través de certificados falsos. Se aconseja que, dentro del contexto de su reforma del IVA, Costa Rica considere la eliminación de este régimen y aplique un adecuado proceso de devoluciones. Esta solución le permitiría organizar la verificación de las devoluciones dentro de un marco fiscal más amplio de cumplimiento y administración con base en los riesgos.

Un sistema de IVA de base amplia abordaría estos problemas desde su origen. Según la propuesta de reforma tributaria, la recuperación del impuesto estaría regulada por un nuevo marco normativo y el número de exclusiones impositivas disminuiría considerablemente. El IVA pagado sobre insumos para la producción de bienes excluidos no sería recuperable. Esta medida se aplicaría en este contexto en paralelo a la eliminación de numerosas exclusiones, lo cual se considera un cambio ciertamente beneficioso. El objetivo principal sería que Costa Rica aplicara un sistema de IVA de base amplia, con tipos cero y exclusiones limitadas. Este sistema de IVA de base amplia, unido a las correspondientes devoluciones del impuesto, garantizaría la neutralidad, dado que, en la práctica, dejarían de ser necesarias las exclusiones con tipo cero. El IVA se recaudaría en el consumo final y las empresas podrían recuperar totalmente el IVA de los insumos.

Las restricciones a la recuperación del impuesto general sobre las ventas de los insumos generan distorsiones

Costa Rica impone restricciones a los derechos de los contribuyentes a reclamar créditos fiscales sobre los insumos. El sistema costarricense permite únicamente la deducción del impuesto sobre los insumos de bienes y ciertos servicios que se utilizan directamente en la fabricación, comercialización o distribución de bienes gravables y en el suministro de servicios también gravables. Este sistema se aplica igualmente al caso de bienes excluidos del impuesto. Hasta fechas recientes, el sistema de créditos para la devolución del impuesto sobre las ventas era todavía más restrictivo, ya que éste impuesto solo podía recuperarse de los insumos incluidos físicamente en la producción y en los activos de capital relacionados directamente con la fase productiva.

Este planteamiento no cumple con el principio de neutralidad de un IVA que, en el ámbito nacional, podría conseguirse si se reconociera el derecho de los proveedores a obtener un crédito sobre el impuesto pagado sobre los insumos en cada fase de la cadena de suministro, de manera que la carga tributaria se aplicara al consumidor final y no a los intermediarios de dicha cadena. De este modo se aumenta la carga tributaria en los consumidores finales a través de un efecto cascada, ya que el impuesto sobre las ventas no recuperable se capitaliza, en parte o en su totalidad, en los precios de las producciones intermedias y tributa nuevamente en virtud del impuesto general sobre las cuando los productos son comercializados. Como consecuencia de ello se producen diversas distorsiones económicas, entre ellas la posible decisión de los productores de sustituir estos insumos y/u optar por proveedores de insumos exentos, con la posibilidad de que las empresas decidan cambiar su estructura interna (p. ej., integración vertical). Las empresas se ven inmersas, además, en una situación de desventaja competitiva en comparación con sociedades extranjeras, dado que el impuesto no recuperable termina por integrarse de forma oculta en el costo de los bienes y servicios producidos a escala nacional. Por consiguiente, el impuesto sobre las ventas no recuperable forma parte de la base de costos de las exportaciones de los contribuyentes costarricenses y genera un impuesto oculto sobre estas exportaciones.

El sistema existente genera, además, costos de cumplimiento y administrativos. Para determinar si los contribuyentes tienen derecho a acceder a créditos es preciso diferenciar entre los bienes y los servicios que se han utilizado directamente en los procesos de fabricación, comercialización y distribución y aquellos que no, como los gastos generales de las empresas, que no pueden deducirse. Así pues, una reforma centrada en convertir el actual impuesto general sobre las ventas en un IVA de base amplia llevaría implícita también la eliminación de las restricciones a la recuperación del IVA de los insumos para los productores de bienes gravables con el fin de mejorar la neutralidad y limitar los costos de cumplimiento y administración.

Las transferencias bien dirigidas mitigarían los efectos distributivos de un IVA de base amplia

Como parte de la reforma del IVA, el Gobierno ha propuesto introducir transferencias para compensar a las unidades familiares más desfavorecidas por el aumento del IVA. La propuesta de la reforma se inspira en el concepto de "IVA personalizado" que combina un IVA de base amplia con transferencias a los contribuyentes con menor poder adquisitivo (véase el recuadro 4.2). El sistema propuesto compensaría a aquellas unidades familiares situadas en los tres deciles de ingresos más bajos. Como se ha indicado anteriormente, este sistema evitaría el apoyo no selectivo a todos los consumidores a través de exclusiones o de tipos reducidos.

En la práctica, el sistema de transferencias propuesto resultaría innovador. Las devoluciones se concederían a las unidades familiares en función del número de personas que las integran. El monto de las transferencias se basaría en los niveles promedio de consumo. El primer decil sería compensado con el promedio de consumo de los niveles medios de los deciles segundo y tercero, mientras que las unidades familiares de los deciles segundo y tercero de ingresos serían compensadas por el promedio de consumo promedio de sus deciles respectivos. De esta forma se fomentaría la progresividad de las transferencias. El Ministerio de Hacienda transferiría estas cantidades por vía electrónica a las cuentas bancarias de los consumidores con periodicidad mensual, por medio del Sistema Único de Pago de Recurso Social, basado en la información proporcionada por el Instituto Mixto de Ayuda Social (IMAS) a través del Sistema Nacional de Información Social y Registro Único de Beneficiarios.

Existen mecanismos de compensación alternativos, pero no llegarían necesariamente a las personas con menores ingresos que trabajan en la economía informal. Una medida alternativa que podría compensar a las unidades familiares de bajos ingresos y desfavorecidos por la ampliación de la base del IVA y el incremento de la tarifa del impuesto podría consistir en un crédito fiscal por ingresos salariales (EITC, *earned income tax credit*) reembolsable, a la vez que se fomentaría su entrada en la economía formal. El EITC reduciría la obligación del IRPF y se abonaría en forma de transferencia en efectivo a las unidades familiares que tuvieran un pasivo fiscal insuficiente para reclamar el crédito (véase el capítulo 3). Así, este EITC consistiría en un doble dividendo. Sin embargo, las personas que siguieran trabajando en la economía informal quedarían fuera de la posibilidad de obtener el crédito, lo cual no sucedería con el sistema de transferencias que Costa Rica está pensando aplicar.

Recuadro 4.2. **IVA personalizado**

El concepto de IVA personalizado fue propuesto por Barreix, Bès and Roca (2012) como una forma de resolver la "imposible trinidad del IVA", de acuerdo con la cual "ningún impuesto general sobre las ventas ha tenido nunca a la vez los tres atributos fundamentales de una tasa progresiva: una base amplia, un tipo único y medidas compensatorias para las personas con mayores necesidades" (Ainsworth, 2006).

En términos sencillos, el IVA personalizado consiste en:

- *Ampliar la base impositiva.* Las únicas exclusiones que se conservarán son las que tengan sentido desde el punto de vista de la administración tributaria y/o en aquellos casos en que sean necesarias para garantizar la coherencia del trato fiscal de conceptos similares.
- *Unificar la tarifa del impuesto.* Esta recomendación concuerda con las prácticas optimizadas y responde, fundamentalmente, a la necesidad de simplificar la administración tributaria y de obtener una mayor neutralidad.
- *Proporcionar reducciones fiscales a las personas de los deciles de ingresos más bajos.* Para ello se deben realizar dos tipos de acciones: determinar la cantidad de reducción que se concederá e identificar a las personas a las que se dirigirá. El término "personalizado" se aplica debido a que la propuesta pretende compensar el impacto tributario en su consumo a toda persona promedio que pertenezca a alguno de los deciles a los que se desea aplicar una reducción tributaria.

Fuente: Barreix, A., M. Bès y J. Roca (2012). "Solving the Impossible Trinity of Consumption Taxes: Personalized VAT", mimeo, Inter-American Development Bank.

El Gobierno espera que las transferencias atenúen significativamente la regresividad de la reforma del IVA y contribuyan a reducir la pobreza. La figura 4.8 muestra la distribución de pagos tributarios expresada como proporción del PIB en los deciles de ingresos, en virtud del actual impuesto general sobre las ventas y de acuerdo con la reforma propuesta del IVA, con y sin las transferencias. Con estas, los pagos del IVA serían negativos para el primer decil de renta, mientras que los deciles segundo y tercero pagarían cerca a cero impuestos. La figura 4.9 muestra que, en lugar de producirse aumentos del pago del IVA con el cambio del actual impuesto general sobre las ventas a un IVA sin transferencias, la introducción del IVA con transferencias reduciría significativamente las cargas tributarias para los tres deciles de renta más bajos. Por otra parte, para las unidades familiares comprendidas entre el cuarto decil y el último, la carga tributaria se incrementaría ligeramente.

Figura 4.8. **Distribución de pagos fiscales expresados como proporción del PIB en los deciles de ingresos según el actual impuesto general sobre las ventas y la reforma de IVA propuesta**

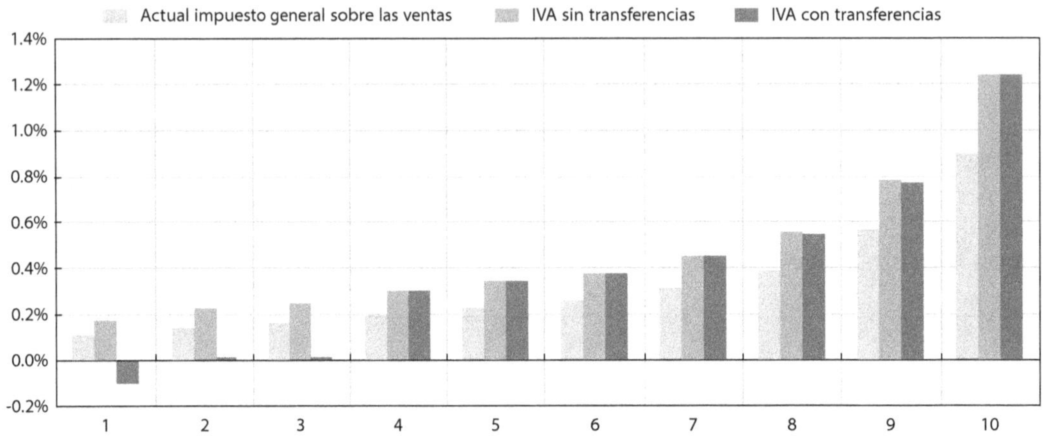

StatLink http://dx.doi.org/10.1787/888933545804

Fuente: Basado en datos del Ministerio de Hacienda (2017).

Figura 4.9. **Cambio porcentual en los pagos del IVA en los deciles de ingresos, sin y con transferencias**

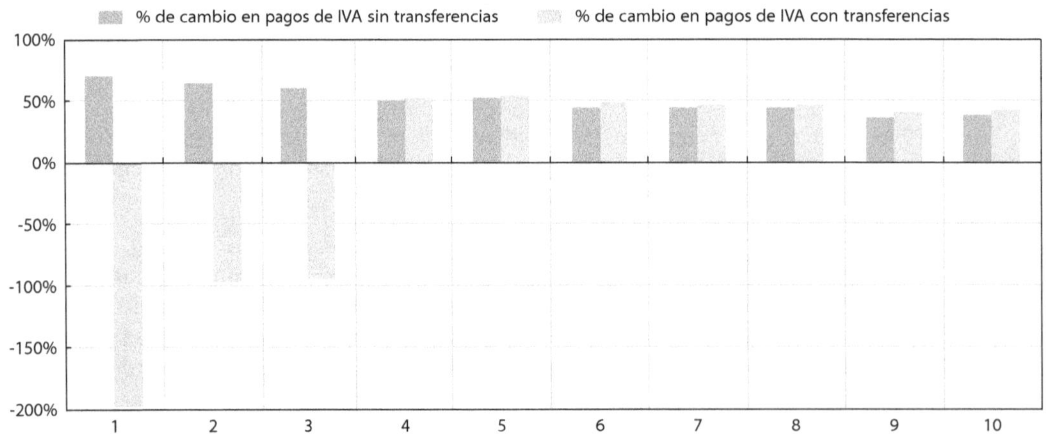

StatLink http://dx.doi.org/10.1787/888933545823

Fuente: Basado en datos del Ministerio de Hacienda (2017).

No obstante, estas proyecciones se basan en el supuesto de que el sistema de transferencias funcionará bien, lo que en la práctica puede resultar difícil. La principal dificultad consistirá en garantizar que el sistema llegue realmente a las unidades familiares con menor poder adquisitivo. Estas suelen localizarse en zonas rurales y, a menudo, no forman parte del sector económico formal o de su mercado laboral. Si el sistema no alcanza a un número suficiente de estas unidades familiares, es posible que se registren efectos no deseados sobre la reducción de la pobreza y la desigualdad. Así pues, la condición necesaria para que el sistema compense realmente a los sectores más desfavorecidos será que se garantice que los beneficios se recibirán a través de un sistema de concesiones sencillo y asequible. Otro reto consistirá en asegurar que las unidades familiares candidatos y que, en última instancia, se beneficiarán de las transferencias, no ocultarán sus ingresos, ni que tendrán bajos ingresos salariales pero una gran cantidad de otro tipo de activos. Para ello se deben cruzar informaciones, en particular con la administración tributaria, al objeto de contrastar que la información sobre los beneficiarios de las transferencias coincide con la que dispone esta administración.

El sistema de transferencias de efectivo permite al Gobierno ampliar notablemente la base del IVA. Dado que las unidades familiares con menor poder adquisitivo recibirían una compensación por el IVA que deben pagar, el Gobierno podría empezar a recaudar este impuesto sobre los productos y servicios básicos, como los bienes incluidos en la canasta básica de consumo, los productos agrícolas, la energía eléctrica consumida mensualmente, etc. Incluso en el caso de que el Gobierno optara por posponer la reforma hasta que el sistema de transferencias de efectivo estuviera totalmente operativo y hubiera demostrado su eficacia para llegar a los más desfavorecidos, la inclusión de estas medidas en la reforma actual del IVA aportaría ventajas. La ampliación de la base del impuesto a los bienes básicos podría estar condicionada al cumplimiento de ciertos objetivos, como el grado en el que el mecanismo de compensación consigue llegar a las unidades familiares con menor poder adquisitivo.

La evasión del impuesto general sobre las ventas es alta

La evasión del impuesto general sobre las ventas es relativamente alta. El incumplimiento en el sistema puede calcularse como la diferencia entre los ingresos que se habrían recaudado si el impuesto general sobre las ventas se aplicara perfectamente (ingresos teóricos [R_t]) y los obtenidos en la práctica (ingresos reales [R_a]). A partir de los datos del Ministerio de Hacienda, en la tabla 4.1 se valora la pérdida recaudatoria por el incumplimiento fiscal, calculada como $(R_t - R_a)/R_t$. En 2013, el coste de este incumplimiento se situaba en torno a la quinta parte de los ingresos potenciales. La tabla 4.1 ilustra también que la evasión del impuesto general sobre las ventas se mantuvo relativamente estable

Tabla 4.1. **Pérdidas recaudatorias por el incumplimiento del pago del impuesto general sobre las ventas como proporción del PIB entre 2010 y 2013**

	2010	2011	2012	2013
Recaudación real (millones de colones costarricenses) (R_a)	920 298	1 029 811	1 122 978	1 176 745
Recaudación teórica con una aplicación perfecta del impuesto general sobre las ventas (millones de colones costarricenses) (R_t)	1 152 927	1 263 876	1 384 375	1 468 182
Pérdida recaudatoria por el incumplimiento (%) ($R_t - Ra)/R_t$	20.2%	18.5%	18.9%	19.9%

Fuente: Datos de la Dirección General de Hacienda (2015).

entre 2010 y 2013. Estos resultados sugieren que la aplicación de medidas para fomentar el cumplimiento de este impuesto se traduciría en incrementos recaudatorios importantes.

Para abordar la elusión de impuestos y el fraude fiscal, la administración tributaria ha puesto en marcha un mecanismo que exige a las entidades que procesen los pagos con tarjeta de crédito o débito, que actúen como entidades de retención. La retención de los montos netos pagados es de hasta el 6%. Se trata de un pago por adelantado del impuesto sobre las ventas que es retenido por las empresas de tarjetas de crédito o débito por las ventas abonadas por el consumidor y que se remite directamente a las arcas del tesoro público. Este mecanismo reduce el monto de ingresos fiscales en riesgo y permite a la administración tributaria cruzar información sobre las compras y las ventas. La administración tributaria compara los datos del impuesto general sobre las ventas con los del impuesto sobre sobre la renta para detectar posibles transacciones no reportadas por alguna de las partes y, en caso de que existan, imponer las sanciones correspondientes. Para abordar de manera eficaz el fraude fiscal, Costa Rica debería poner en práctica, además, un modelo de gestión del cumplimiento fiscal basado en el riesgo que incorpore la utilización efectiva de las tecnologías para facilitar el cumplimiento por parte de los contribuyentes que tienen voluntad de ejercer dicho cumplimiento, y que refuerce la capacidad de aplicación de la ley para abordar los casos de los contribuyentes que carecen de dicha voluntad.

Un IVA de base más amplia y mejor administrado contribuiría también a reducir la economía informal

El IVA puede ayudar a recaudar ingresos del sector económico informal. Como se indicó anteriormente, la economía informal es un problema importante en Costa Rica. La forma más sencilla de aplicar un gravamen sobre ella es hacerlo a través de impuestos indirectos, con una tasa sobre los bienes y servicios que las empresas de este sector compran y venden (Joshi et al., 2014). El IVA aumenta la carga tributaria sobre el sector económico informal, dado que las empresas afectadas deben abonar al menos una parte del IVA de los insumos y no tienen derecho a devoluciones. Para ello no se requiere la participación activa del sector económico informal en el sistema tributario (p. ej., con declaraciones fiscales) ni se incurre en costos de cumplimiento (Joshi et al., 2014). El IVA actuaría, en parte, como un impuesto sobre las compras de los operadores informales a empresas del sector económico formal (Keen, 2007).

Además de gravar una amplia variedad de actividades económicas, en teoría, el IVA tiene efectos positivos "en cadena" que incentivan a los agentes económicos a integrarse en el sector económico formal. Una ventaja importante del IVA es que genera incentivos positivos para que las empresas del sector económico informal con tratos reales o previstos con las del formal se integren en el sistema tributario formal para poder reclamar créditos fiscales y recuperar su IVA. Un reciente estudio de pequeñas empresas en Brasil muestra que es más probable que una compañía declare el IVA si sus proveedores y/o clientes lo hacen (de Paula y Scheinkman, 2010).

Los incentivos adicionales y las medidas disuasorias son importantes para reducir el alcance de la economía informal. A diferencia de lo que sucede en numerosos Estados miembros de la OCDE, Costa Rica no exime a los proveedores con ingresos por debajo de un umbral mínimo de la obligación de inscribirse y/o recaudar el impuesto sobre las ventas; el impuesto general sobre las ventas es obligatorio para todas las empresas. En general, los umbrales de registro para el IVA se han establecido para reducir los costos de cumplimiento de las pequeñas empresas, rebajar los costos de la administración tributaria y garantizar una utilización más eficaz de los recursos administrativos y la capacidad de auditoría. Costa Rica debería valorar las posibles ventajas de introducir un umbral de registro frente a los inconvenientes previstos (como pérdida de ingresos fiscales, discriminación fiscal entre empresas excluidas y no excluidas riesgo de fraude y motivación para situarse por debajo del umbral). Otras medidas típicas de apoyo a la participación de las empresas en la economía formal consisten en simplificar los procedimientos de registro del IVA para las pequeñas empresas, que Costa Rica ya tiene.

Las reglas del IVA en el comercio transfronterizo de servicios aún deben alinearse con las directrices de IVA/impuestos sobre bienes y servicios de la OCDE

El Consejo de la OCDE adoptó en septiembre de 2016 una recomendación que incluye directrices acordadas internacionalmente para una aplicación acorde del IVA en el comercio transfronterizo. Estas directrices internacionales de la OCDE sobre el IVA y los impuestos sobre bienes y servicios (OCDE, 2017) presentan un conjunto de principios fundamentales para el diseño y el funcionamiento de los sistemas de IVA y para su aplicación en las transacciones transfronterizas (Recuadro 4.3).

Recuadro 4.3. **Directrices internacionales de la OCDE sobre IVA/impuestos sobre bienes y servicios**

En noviembre de 2015, el Foro Global sobre el IVA de la OCDE, con presencia de más de 100 países y jurisdicciones, avaló las directrices sobre IVA/impuestos sobre bienes y servicios como un estándar internacional para garantizar una aplicación coherente y eficaz de estos impuestos al comercio internacional de servicios. Estas directrices adoptaron la forma de Recomendación, que fue adoptada por el Consejo de la OCDE en septiembre de 2016.

En ausencia de tales directrices, no existía ningún marco consensuado a escala internacional para la aplicación del IVA al comercio transfronterizo, en contraste con los marcos existentes para la tributación de los ingresos, como el modelo de convenio tributario de la OCDE y las pautas aplicables en materia de precios de transferencia. Este hecho hizo que aumentaran la incertidumbre y la complejidad, tanto para las autoridades tributarias como para las empresas, así como los riesgos de doble tributación y de no tributación no intencionada. Por tanto, suscitó inquietud en relación con el comercio internacional en servicios e intangibles, que se ha intensificado considerablemente durante la última década.

En las directrices se recogen capítulos sobre el principio de la neutralidad del IVA y su aplicación en la práctica, así como sobre la puesta en marcha del principio de destino para asignar los derechos de tributación en suministros transfronterizos de servicios e intangibles.

Para suministros B2B (es decir entre empresas), las directrices establecen que los derechos tributarios sobre suministros transfronterizos de servicios e intangibles deben asignarse a la jurisdicción en que la empresa-cliente ha domiciliado su residencia permanente. Para los suministros de empresa a consumidor (B2C), las directrices recomiendan que los derechos tributarios sobre los "suministros puntuales" se atribuyan a la jurisdicción en la que se realiza físicamente la operación, y que tales derechos sobre todos los demás suministros y servicios se asignen a la jurisdicción en la que el cliente tiene su residencia habitual. Entre ellos se cuentan las entregas remotas de servicios y productos digitales en Internet (p. ej., aplicaciones, descarga continua de música y películas, juegos interactivos) por parte de proveedores extranjeros. Asimismo, las directrices recomiendan que estos proveedores extranjeros se inscriban y remitan el IVA en la jurisdicción de tributación y que los países apliquen un régimen simplificado de registro, a fin de facilitar el cumplimiento de la normativa a los proveedores no residentes en el territorio.

Recuadro 4.3. **Directrices internacionales de la OCDE sobre IVA/impuestos sobre bienes y servicios** *(continuación)*

Las directrices no pretenden proporcionar prescripciones detalladas para la legislación nacional. Respetan la soberanía de las jurisdicciones en relación con el diseño y la entrada en vigor de sus leyes. Al contrario, las directrices tratan de identificar objetivos y sugieren medios para lograrlos, con lo que actúan como un punto de referencia. Los participantes del Foro Global sobre el IVA de la OCDE urgieron a ésta y al G20 a desarrollar paquetes de puesta en marcha como apoyo a la aplicación concordante de las directrices, así como a diseñar un marco uniforme más incluyente que hiciera que todos los países y jurisdicciones interesados, sobre todo las naciones en vías de desarrollo, se encontraran en igualdad de condiciones.

Como se ha indicado con anterioridad, el sistema costarricense de impuesto sobre las ventas en la actualidad no se ajusta al principio internacional básico de neutralidad, acorde con las directrices internacionales de la OCDE en términos de IVA/impuestos sobre bienes y servicios, que presenta diferentes dimensiones, como la ausencia de discriminación y la eliminación de cargas fiscales indebidas y de los costes de cumplimiento desproporcionados o inapropiados para las empresas. La reforma prevista del IVA se plantea como objetivo la mejora del régimen de un IVA de base amplia acorde con los principios internacionales de neutralidad y destino, según se establece en las directrices.

El borrador del proyecto del IVA pretende gravar los servicios suministrados a los clientes costarricenses por proveedores extranjeros ("servicios importados") y exigir a las empresas de tarjetas de crédito o débito que recauden el IVA sobre estas compras. Los servicios suministrados por una empresa no residente a un cliente en Costa Rica estarían sujetos al IVA si el receptor fuera residente en Costa Rica para efectos fiscales. En la práctica, el borrador del proyecto exigiría a las empresas públicas y privadas de tarjetas de crédito o débito (normalmente un banco o una institución financiera) que actuaran como agentes perceptores y recaudaran el IVA cada vez que los titulares de las tarjetas compraran bienes, intangibles y servicios a través de Internet u otra plataforma de telecomunicaciones. Para cada transacción internacional vía Internet, la empresa de tarjetas de débito o crédito cargaría el IVA correspondiente y los titulares de las tarjetas empleadas recibirían un cargo adicional en sus declaraciones de pago que reflejaría la recaudación de dicho impuesto.

En la práctica, las empresas de tarjetas de crédito o débito reciben información sobre en qué red tienen lugar las transacciones realizadas con estas tarjetas (MasterCard, Visa, American Express y Discover son las cuatro redes principales). Cuando el titular de una tarjeta compra un artículo en un mercado nacional o internacional, la red de tarjetas de crédito rastrea la información y verifica la transacción con la empresa de tarjetas, que a continuación aprueba dicha transacción y carga la cuenta del titular. La propuesta contiene también una disposición para casos como PayPal, en el marco del comercio a través de una cuenta bancaria *online* para realizar pagos a la cuenta de un proveedor no residente en el país por bienes, servicios o intangibles, lo que lleva a que dichas transacciones también tributen.

En algunas situaciones, la administración tributaria reembolsaría el impuesto recaudado al titular: 1) compras de bienes y servicios intangibles a través de Internet si se utilizan o se consumen en otra jurisdicción; 2) compras de bienes *online* para los cuales el IVA se carga en aduana, lo cual podría derivar en una doble tributación;

3) utilización de métodos de pago electrónico para transferencias de dinero a personas o entidades situadas en el extranjero para cuidados personales o para el consumo final en una jurisdicción diferente a Costa Rica, y 4) compras de bienes o servicios excluidos por ley. En los escenarios anteriores, la carga de la prueba recaería sobre el titular de la tarjeta empleada en la transacción. La administración tributaria realizaría una comprobación de la información con la empresa de tarjetas de débito o crédito antes de reembolsar el IVA.

No obstante, existen varias dificultades técnicas que limitan la efectividad del sistema. Costa Rica tendría que garantizar que su sistema para recaudar el IVA sobre los suministros de servicios e intangibles por proveedores con residencia en otras jurisdicciones funciona correctamente y cumple las directrices sobre IVA/impuestos sobre bienes y servicios. Aun así, existen otras dificultades técnicas. La principal de ellas es que existen formas alternativas de adquirir bienes o servicios *online*. Otro problema técnico se deriva del hecho de que los bancos, además de los costos asociados con la implementación de este sistema, necesitan tiempo para desarrollar un sistema capaz de poner en práctica estas regulaciones.

A partir de este análisis pueden establecerse las siguientes recomendaciones sobre política fiscal:

Recomendaciones

- Implementar una reforma exhaustiva para convertir el actual impuesto general sobre las ventas en un IVA moderno, con una base amplia que incluya los servicios.
- Considerar la reducción de las exclusiones para bienes y servicios que son consumidos principalmente por personas con altos ingresos; continuar ampliando la base del IVA cuando el mecanismo de compensación haya conseguido llegar a las unidades familiares con menor poder adquisitivo.
- Elevar gradualmente la tarifa estándar del IVA.
- Compensar a las unidades familiares con menores ingresos por los aumentos del IVA mediante transferencias de fácil acceso.
- Avanzar hacia un sistema completo de créditos sobre el IVA.
- Poner en marcha una estrategia moderna de administración del cumplimiento fiscal basada en los riesgos.
- Implementar un mecanismo de recaudo eficaz y eficiente del IVA en servicios importados B2C alineado con las directrices internacionales de la OCDE sobre IVA/impuestos sobre bienes y servicios.
- Alinear el IVA con las directrices internacionales de la OCDE sobre IVA/impuestos sobre bienes y servicios.

Bibliografía

Barreix A., M. Bès y J. Roca (2012), "Solving the impossible trinity of consumption taxes: personalized VAT", *Fiscal Reform in Latin America*, ECLAC, Fundación CIDOB, Santiago, LC/L.3522, p. 49-77.

de Paula, A. y J. Scheinkman (2010), "Value-Added taxes, chain effects, and informality", *American Economic Journal: Macroeconomics*, 2, 195–221.

Dirección General de Hacienda (2015), *Incumplimiento Tributario en Impuestos sobre la Renta y Ventas 2010-2013*, San José de Costa Rica.

Joshi, A., W. Pritchard y C. Heady (2014), "Taxing the informal economy: the current state of knowledge and agendas for future research", *The Journal of Development Studies*, Vol. 50, No. 10, pp. 1325–1347.

Keen, M. (2007), "VAT, tariffs, and withholding: border taxes and informality in developing countries", *IMF Working Paper*, WP/ 07/174, Fondo Monetario Internacional, Washington, DC.

OCDE (2017), *International VAT/GST Guidelines*, OECD Publishing, Paris, http://dx.doi.org/10.1787/9789264271401-en.

OCDE (2010), *Tax Policy Reform and Economic Growth*, OECD Publishing, Paris, http://dx.doi.org/10.1787/9789264091085-en.

OCDE/KIPF (2014), *The Distributional Effects of Consumption Taxes in OECD Countries*, OECD Publishing, Paris, http://dx.doi.org/10.1787/9789264224520-en.

Rodríguez Garro F., F. Sancho Mora y R. Fonseca Hernández (2015), "Bases para un sistema tributario progresivo en Costa Rica", Revista Pensamiento Actual, Vol. 15, No. 24, Universidad de Costa Rica – Sede de Occidente, San José de Costa Rica.

Capítulo 5

Aplicación de la política fiscal al abordar los retos nacionales en materia ambiental en Costa Rica

El presente capítulo analiza los impuestos relacionados con el medio ambiente en Costa Rica y una serie de provisiones fiscales de amplio espectro que influyen en los resultados medioambientales. En él se aborda el modo en el que podría mejorarse la eficacia de la política tributaria en materia ambiental, al tiempo que se incrementa la recaudación. El capítulo examina el diseño de la tributación de los combustibles y analiza la potencial mejora que supondría el ajuste de estos tributos al costo externo de los carburantes. Las exenciones fiscales a las ventas y las importaciones que se aplican a los productos sujetos al impuesto sobre los combustibles se traducen de facto en un trato preferente en relación con otros productos. Se analiza igualmente la tributación de los vehículos, y el capítulo indica el modo en el que esta podría modificarse de forma que se adecuara mejor a los objetivos de las políticas medioambientales. Por otro lado, el capítulo trata la diferente tributación aplicada a los productores de electricidad privados y públicos, la reciente iniciativa de aplicar un impuesto sobre los recipientes de plástico no reciclables y la rentabilidad económica del Programa de Pagos por Servicios Ambientales.

Los datos estadísticos para Israel son suministrados por y bajo la responsabilidad de las autoridades israelíes competentes. El uso de estos datos por la OCDE es sin perjuicio del estatuto de los Altos del Golán, Jerusalén Este y los asentamientos israelíes en Cisjordania bajo los términos del derecho internacional.

Para alcanzar los ambiciosos objetivos que sobre el clima y el medio ambiente se han planteado a escala nacional sería necesario abordar los retos emergentes y los ya existentes

Costa Rica ha impulsado un ambicioso proyecto de política climática y se presenta como país precursor de las políticas ambientales y relacionadas con el clima. La Estrategia Nacional del Cambio Climático de 2011 (Ministerio de Ambiente y Energía, MINAE, 2011) ha señalado el compromiso del país para alcanzar la carbono-neutralidad en 2021. Tal objetivo permitiría a Costa Rica compensar sus emisiones gracias a los bosques, de modo que las emisiones netas en 2021 sean comparables a las emisiones totales en 2005 (MINAE, 2015). El objetivo incluido en la reciente Contribución Determinada a Nivel Nacional (NDC, por sus siglas en inglés), aplicable en paralelo, establece que Costa Rica mantendrá sus emisiones netas de gases de efecto invernadero (GEI) por debajo de 9.37 $MtCO_2e$ en 2030, incluyendo la absorción de dióxido de carbono en los bosques (MINAE, 2015). También cabe destacar el objetivo nacional de generar el 100% de electricidad a partir de fuentes renovables (MINAE, 2015), aunque en los últimos años la electricidad ha sido ya generada de estas fuentes casi en un 100%. Los cambios en las políticas tributarias propuestos para 2017, junto con algunas reformas más ambiciosas de lo sugerido en estas directrices políticas, pueden contribuir a alcanzar estas metas. Además, el Plan Nacional de Energía (MINAE, 2014a) incluye medidas importantes para lograr en Costa Rica desarrollos con bajas emisiones de dióxido de carbono para el año 2030, en línea con los objetivos nacionales de las políticas sobre cambio climático.

Aunque en Costa Rica las emisiones per cápita siguen siendo bajas, se necesitarían directrices adicionales para alcanzar los objetivos nacionales sobre cambio climático. Si se considera la absorción de dióxido de carbono por los bosques, se observa que las emisiones totales de GEI a escala nacional se mantuvieron relativamente estables entre 1990 y 2010, pero, al excluir la absorción por sumideros de carbono se constata que las emisiones aumentaron de 6 a 12 $MtCO_2e$ en ese mismo período (Climate Action Tracker, 2015). Aun cuando estas emisiones per cápita siguen siendo bajas si se comparan con el promedio de la OCDE y de sus Estados miembros en la región de América Latina, será fundamental contener el rápido crecimiento de las emisiones, especialmente las derivadas del transporte, pero también de la agricultura, los residuos, la industria y el sector residencial, para cumplir los ambiciosos objetivos de la política climática costarricense.

El sector del transporte es el más contaminante y, además, contribuye significativamente a la contaminación atmosférica local y a las congestiones de tráfico. De las emisiones de GEI en el sector energético (el 39% del total de emisiones de GEI), la gran mayoría se debe al transporte (68.7%) y su proporción está aumentando rápidamente. Además de su contribución al cambio climático, este sector incrementa la contaminación atmosférica, lo que eleva la incidencia de enfermedades en muchos países (OCDE, 2016b; OMS, 2016). En Costa Rica, la mayor concentración de contaminación atmosférica se registra en torno al área metropolitana de San José, donde viven casi dos terceras partes de la población (Granoff et al., 2015; Ministerio de Salud, 2015). El ingente y rápido aumento del número de automóviles privados (68% entre 2003 y 2014) y de otros vehículos a motor es el causante del incremento de los valores de contaminación atmosférica en la zona de la capital. Los coches de uso privado son responsables del 41% de las emisiones del tránsito en carretera, seguidos por el transporte pesado (22%) y los vehículos de dos ruedas (16%) (MINAE, 2014a). La antigüedad de los vehículos y, en consecuencia, de la tecnología de los motores agrava el problema de las emisiones por kilómetro recorrido (MINAE, 2014a). Además, el elevado número de vehículos provoca altas congestiones de tráfico en la capital, motivo por el cual desde 2005 se han aplicado restricciones a la circulación.

La baja intensidad del carbono derivado de la generación de electricidad es muy notable, pero los factores climáticos suponen una amenaza dado que Costa Rica depende en gran medida de las fuentes hidroeléctricas. La electricidad se genera casi exclusivamente a partir de fuentes libres de emisiones, que son complementadas, cuando es preciso, con la generación térmica a partir de combustibles fósiles. Este logro es muy notable, a la vista de las altas cuotas de emisiones de GEI procedentes de la generación de electricidad en el mundo. Aunque la generación combinada varía de año en año en función de los factores climáticos, en la producción de electricidad predominan las fuentes hidráulicas (hasta un 80%), por delante de las geotérmicas (aproximadamente el 15%), las eólicas (hasta el 10%) y, en menor proporción, la energía solar y la derivada de la biomasa. No obstante, las sequías y otras amenazas ambientales sitúan al país en riesgo, dada su alta dependencia de las fuentes hidroeléctricas (Ministerio de Ambiente y Energía, 2014a; OCDE, 2016). Otros sectores económicos presentan índices de emisiones menores. El análisis pormenorizado del perfil de las emisiones excede el ámbito de este capítulo.[1]

La política fiscal puede contribuir a abordar los retos que enfrenta Costa Rica en materia ambiental en los sectores del transporte y la electricidad. A menudo los impuestos se recaudan para incrementar los ingresos estatales y, cuando este es el objetivo principal, no suelen buscarse respuestas concretas en la forma de actuar de los contribuyentes. En otros casos, como sucede con los impuestos ambientales, lograr un cambio de actitud por parte de los contribuyentes (para desalentar las conductas inapropiadas) puede convertirse en un objetivo político en sí mismo. Estos impuestos no se recaudan únicamente por motivos ambientales; además, pueden convertirse en instrumentos eficaces para cumplir los objetivos marcados en esta materia, como, por ejemplo, en lo que respecta a la reducción de las emisiones contaminantes (véase el recuadro 5.1). No obstante, las iniciativas de recaudación fiscal en este ámbito se deberían adecuar a las políticas generales basadas en los objetivos ambientales y climáticos (OCDE, 2015b). Por ejemplo, el impuesto sobre el valor agregado (IVA), el impuesto sobre la renta de las empresas o los impuestos sobre bienes inmuebles pueden influir en las decisiones particulares sobre el tipo de consumo de energía, las inversiones y la movilidad. Por ello, en este capítulo se analiza la relación de tales impuestos con la tributación sobre el medio ambiente y con los objetivos de la política ambiental.

El presente capítulo se centra en la función de la política fiscal en los sectores de la electricidad y del transporte e incluye, asimismo, una observación sucinta sobre la iniciativa que propone introducir un impuesto sobre los recipientes de plástico y el Programa de Pagos por Servicios Ambientales. Otros problemas ambientales, como la carencia de instalaciones públicas para el tratamiento de los residuos, el uso intensivo de fertilizantes en la agricultura y la gestión de los recursos pesqueros se describen con más detalle en Granoff et al. (2015) y quedan fuera del alcance del presente capítulo. Tampoco se abordan las tasas sobre el agua y la minería costarricenses.

La recaudación por impuestos ambientales es relativamente alta

La recaudación tributaria relacionada con el medio ambiente como parte del PIB es relativamente alta en comparación con la de los Estados miembros de la OCDE y la de otros países de América Latina. La OCDE define los impuestos ambientales como todos aquellos tributos recaudados sobre bases gravables relacionadas con objetivos ambientales, como son el aire o el agua, las fuentes de energía o los vehículos motorizados, con independencia del motivo por el que se introdujeron tales tributos. En Costa Rica, los ingresos recaudados por estos impuestos fueron del orden del 2.2% del PIB en 2014, mientras que en países de la OCDE y en otras economías asociadas fueron como promedio del 2% (véase la figura 5.1). Como en la mayoría de los países, una parte importante de la recaudación proviene de impuestos sobre la energía (1.5% del PIB) y sobre los vehículos motorizados (0.7% comparado con el PIB). La recaudación por la tasas sobre el agua es mucho menor (0.01% del PIB).

Figura 5.1. **Ingresos por impuestos ambientales como porcentaje del PIB**

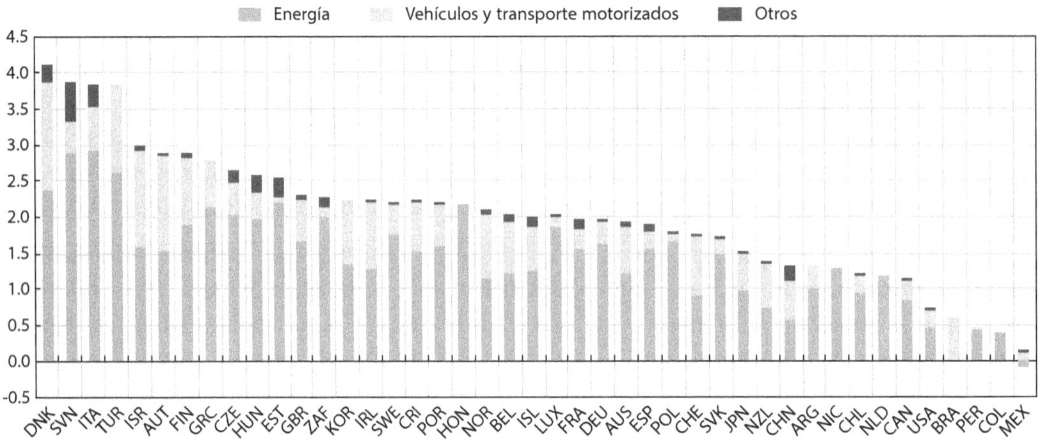

StatLink http://dx.doi.org/10.1787/888933545842

Fuente: Base de datos de la OCDE sobre los instrumentos utilizados para las políticas ambientales.

Los elevados niveles de ingresos fiscales relacionados con el medio ambiente requerirían una cuidadosa interpretación antes de extraer conclusiones de aplicación en políticas generales. La alta recaudación tributaria de origen ambiental (como un porcentaje del PIB) se contempla, en ocasiones, como una medida acertada, en el sentido de que pone de relieve la mayor atención que se dedica a la política ambiental a través de los impuestos. Sin embargo, también es posible que sea un signo de cierta debilidad, dado que esta importante recaudación podría ser consecuencia de la elevada contaminación existente. En la mayoría de los análisis se insiste en la primera interpretación, que toma los altos valores de recaudación principalmente como indicio del esfuerzo realizado. Si se estudian las tendencias en el crecimiento del transporte terrestre en Costa Rica, como se indicaba anteriormente, en los próximos años podría ampliarse sustancialmente la base para los impuestos sobre los combustibles y los vehículos motorizados. En el caso costarricense, es interesante prestar más atención a la segunda interpretación, sobre todo de cara al futuro. Al mismo tiempo, el aumento de la recaudación es una razón legítima para introducir, alinear o incrementar las tarifas de los impuestos ambientales, aun cuando en su diseño es fundamental tener en cuenta también los incentivos para inducir cambios de actitud en los contribuyentes.

Costa Rica debería pensar en revisar su práctica de destinación específica de los ingresos fiscales obtenidos de los impuestos ambientales. Los ingresos obtenidos a partir de impuestos ambientales son objeto de múltiples reclamaciones relativas a su utilización, más frecuentes que con otros tipos de tributos. Por ejemplo, a menudo se ha planteado emplear la recaudación de los impuestos sobre el carbono o los sistemas de comercio de emisiones para financiar inversiones públicas o privadas en infraestructuras escasamente generadoras de contaminación por emisión de dióxido de carbono, para alcanzar los objetivos internacionales sobre el financiamiento relacionado con el cambio climático o para otros fines específicos, como fondos para inversiones en mejoras ambientales. Como se expuso en el capítulo 1, en Costa Rica domina relativamente la destinación específica de los ingresos fiscales obtenidos de los impuestos ambientales en fondos ambientales concretos, y son frecuentes los desequilibrios entre la recaudación y los gastos asociados. En general, la teoría y la práctica de las finanzas públicas suelen desalentar una destinación legal estricta de los ingresos de un impuesto o un instrumento de recaudación, ya que resulta bastante improbable que mantenga una correspondencia muy estrecha con los niveles apropiados o deseados de gastos gubernamentales en un área política determinada. A menudo resulta más fácil justificar la introducción de impuestos ambientales si se declara el destino concreto de la recaudación. No obstante, es conveniente que Costa Rica revise esta práctica para lograr una mayor flexibilidad, con vistas a atender necesidades y prioridades financieras específicas.

Recuadro 5.1. **Por qué los impuestos se encuentran entre los instrumentos más eficaces de las políticas ambientales**

La incidencia en el medio ambiente, la salud y el clima (en suma, la contaminación) del uso de la energía no es soportada directamente por los productores y los consumidores, con lo cual estos costos no se tienen en cuenta en las decisiones basadas en los precios del mercado: son externos a él. En consecuencia, esta dinámica no regulada contribuye a generar unos índices de contaminación excesivos, que hacen necesario aplicar políticas públicas que busquen mejorar el comportamiento del mercado y reducir la contaminación. Los Gobiernos intervienen en este ámbito mediante diversos instrumentos, como los impuestos, los sistemas de derechos de emisiones (con los que puede comerciarse), las normas sobre emisiones, los requisitos tecnológicos directos y las restricciones en el nivel de las actividades contaminantes.

En términos de rentabilidad, los impuestos o los permisos de emisión de gases negociables suelen obtener mejores resultados que otros instrumentos de política ambiental. La razón de ello estriba en que, al poner un precio a la contaminación, las entidades contaminantes se ven incentivadas a minimizar su declaración fiscal. De este modo, optan por limitar la actividad contaminante o buscar soluciones que contengan las emisiones. Los instrumentos alternativos, como las normas de eficiencia energética, obligan a adoptar decisiones políticas más preceptivas sobre el modo de reducir la contaminación, pero, dada la existencia de informaciones asimétricas y de cierta heterogeneidad entre los agentes económicos, las soluciones propuestas pueden no resultar rentables. Las entidades contaminantes tienen más información que el Gobierno sobre cómo reducir la contaminación, con lo cual están en mejores condiciones para elegir la opción más económica. Por la diferencia intrínseca que existe entre los agentes económicos, se instaurarán distintas soluciones óptimas para cada caso. Por ejemplo, algunas unidades familiares reaccionarían ante una subida en los impuestos sobre los combustibles con la compra de automóviles de consumo más eficiente, mientras que otros optarían por usar menos el vehículo. Sin embargo, una normativa sobre combustibles podría forzar al segundo tipo de unidad familiar a invertir (también) en un vehículo más eficiente, aun cuando no fuera su primera opción. Por otra parte, las entidades contaminantes, una vez que cumplieran las normas de eficiencia energética, dejarían de tener motivaciones para reducir aún más la contaminación, lo cual no sucede si se aplica un incentivo por vía tributaria para reducir las emisiones de forma permanente.

Los instrumentos basados en el mercado resultan muy atractivos desde un punto de vista teórico, y existen pruebas de que funcionan mejor en la práctica que otras soluciones alternativas (véase, por ejemplo, OCDE, 2013a). No obstante, la regulación directa, por ejemplo con normas sobre emisiones o eficiencia energética, puede tener utilidad en circunstancias concretas, ya sea en combinación con instrumentos basados en el mercado o en lugar de ellos. El recurso de los impuestos presenta como complicación la dificultad de gravar directamente la contaminación, con lo cual los tributos se cargan sobre actividades o tipos de consumo que podrían estar más o

Recuadro 5.1. **Por qué los impuestos se encuentran entre los instrumentos más eficaces de las políticas ambientales** *(continuación)*

menos relacionados con la contaminación ambiental. Cuando existe una mala correlación entre el impuesto y la actividad, los tributos pierden eficacia y aumenta el atractivo de la regulación directa. Por ejemplo, los impuestos sobre los combustibles pueden reflejar de forma muy precisa el contenido de carbono de los carburantes y, con ello, la contribución marginal que su consumo tendría para los costos relacionados con el cambio climático, pero su relación es menos directa con las emisiones de contaminantes locales, y menos aún con los costos finales de la contaminación ambiental que se derivan de estas emisiones. Las normas sobre emisiones para los contaminantes locales pueden servir de complemento a los impuestos sobre los combustibles, aunque no está tan claro en el caso de normativas sobre ahorro energético. Por otra parte, no resulta fácil diseñar normas eficaces sobre emisiones, dado el riesgo, por ejemplo, de que los perfiles sobre las mismas difieran de forma sustancial entre las condiciones de prueba y las del mundo real. El empleo de normas para limitar la contaminación probablemente funcione mejor en las primeras fases del plan para combatir el problema cuando la contaminación ambiental sea elevada y existan soluciones tecnológicas asequibles para reducirla. En cambio, las estrategias basadas en el mercado adquieren mayor atractivo si aumentan los costos de las medidas de corrección y es preciso buscar soluciones más descentralizadas.

Fuente: OCDE (2015a).

Aún queda margen para adaptar políticas combinadas dirigidas a reducir los costos externos del transporte terrestre en Costa Rica

Tasar los efectos derivados puede ayudar a contener los costos externos del transporte terrestre. El transporte terrestre se asocia a muchos y muy diversos costos externos: algunos de los principales efectos externos para los que se han intentado incluir medidas en este sector son el cambio climático, la contaminación atmosférica local, la congestión de tráfico y los daños en las carreteras (Van Dender y Parry, pendiente de publicación). En un enfoque ideal, las diferencias en la naturaleza y las fuentes de cada uno de estos efectos exigirían instrumentos políticos propios, pero existen soluciones prácticas que se han puesto en práctica en algunos países (véase la tabla 5.1).

Costa Rica maneja varios instrumentos fiscales que podrían adaptarse para abordar mejor los efectos colaterales negativos del transporte terrestre. Con independencia de los motivos concretos de su introducción y su diseño, puede establecerse una correspondencia genérica entre estos instrumentos y los diferentes efectos externos del transporte terrestre. Por ejemplo, el impuesto único sobre los combustibles costarricense puede entenderse como un intento de abordar la contribución de los carburantes al cambio climático, aun cuando las tarifas específicas costarricenses de estos impuestos no guarden una relación estrecha con el contenido de GEI derivados de los combustibles en cuestión. Por otra parte, la reducción de los aranceles aplicados a los vehículos eléctricos e híbridos se interpreta como un intento de reducir la contaminación atmosférica, aunque, como se explica más adelante, este tipo de diferenciación tributaria no se elige como primera opción para influir en el perfil de emisiones del parque automovilístico. Si bien no resulta fácil cuantificar la importancia relativa de los diferentes costos externos del transporte terrestre en Costa Rica, la aplicación de un conjunto de cambios en el marco de la política fiscal existente puede contribuir a concentrarse de forma más precisa en estos costos. El resultado esperado es una reducción de la contaminación y de otros efectos colaterales no deseados del transporte.

Tabla 5.1. **Políticas ideales y prácticas para abordar los costos externos del transporte terrestre**

Efecto externo	Causa	Política ideal	Política más práctica	Países con políticas similares
Cambio climático	El consumo de combustibles da lugar a una emisión de compuestos de carbono y otros GEI aproximadamente proporcional a la cantidad de combustible consumido	Impuesto único sobre los combustibles	Impuesto único sobre los combustibles	Todas los países de la OCDE y el G20, y otros muchos
Contaminación atmosférica	El consumo de combustibles contamina el aire, ya sea directamente por la combustión o indirectamente por reacciones químicas secundarias en el aire de la atmósfera	Impuesto sobre las emisiones de los vehículos por kilómetro recorrido, con tarifas variables en función de la exposición de la población local, la topografía, el clima, la interacción con otros contaminantes y el efecto final en la contaminación	Impuesto sobre la circulación, con un componente que refleje el costo de la contaminación atmosférica. Impuesto único sobre los combustibles con diferencias reflejadas en los perfiles de contaminación entre distintos carburantes o en sustitución del impuesto sobre la circulación	Cargos según distancia recorrida para los camiones en algunos países de la UE
Congestión de tráfico	Los conductores no son conscientes del espacio que ocupan sus vehículos en la carretera, lo que provoca congestión de tráfico y puede aumentar la duración de los desplazamientos y reducir la fiabilidad de todos los vehículos	Cargos por kilómetro para vehículos que circulan en carreteras congestionadas y que adecúen los costos externos marginales al tipo de vía y a la hora del día	Fijación de precios ascendentes (p. ej., tarifas locales por entrada del vehículo a zonas de acceso limitado) Fijación de precios descendentes (p. ej., extendidos al país)	Tarifas por acceso en Singapur, Londres, Milán y Estocolmo, entre otros países
Accidentes	Los conductores no pagan por los riesgos adicionales que plantea para otras personas el uso de su vehículo	Tasa por kilómetro que aumente en función del riesgo del conductor (p. ej., según las calificaciones de las compañías aseguradoras por edades, los antecedentes de accidentes, etc.) y los riesgos del vehículo (los vehículos pesados suponen un mayor riesgo para los ocupantes de otros vehículos)	Seguro de pago por uso en proporción a los kilómetros recorridos	Sistema de pago por uso en Noruega, Japón y Australia, entre otros países
Daños en las carreteras	El tráfico provoca el deterioro de las carreteras, sobre todo debido a los camiones, en relación con la carga por eje	Peajes por kilómetro para camiones pesados, con escala según la carga por eje, idealmente con tarifas más altas para el tránsito por las carreteras más susceptibles de daño		Peajes para vehículos pesados en varios países de la UE, Suiza y Nueva Zelanda

Fuente: Van Dender y Parry (pendiente de publicación).

El impuesto único sobre los combustibles grava los productos derivados del petróleo a precios relativamente altos, pero el contenido de carbono de los carburantes tributa a diferentes tarifas

Costa Rica recauda un impuesto único sobre los combustibles a los productos derivados del petróleo, pero las tarifas legales difieren para los distintos carburantes. A la mayoría de los derivados del petróleo consumidos en Costa Rica se les aplica un impuesto sobre los combustibles ("Impuesto Único sobre los Combustibles"). Como sucede en todas las economías de la OCDE y el G20, los gravámenes sobre los carburantes utilizados en el transporte terrestre son superiores a los que se aplican a los combustibles de otros sectores económicos (OCDE, 2016). El motivo de ello radica en que, en ausencia de instrumentos políticos más dirigidos, a menudo se considera que los impuestos sobre los combustibles para el transporte causan otros efectos externos al propio transporte (véase la tabla 5.1). A diferencia de lo que ocurre en países que aplican un mayor impuesto sobre los combustibles para el transporte terrestre que a otros sectores, la diferenciación en Costa Rica no es explícita, sino que se manifiesta como resultado de la mayor tributación de la gasolina y del combustible diésel, utilizados predominantemente en el transporte. De estos combustibles, la tarifa más alta se aplica a la gasolina súper (CRC 245.5 por litro) y es ligeramente más baja para la gasolina regular (CRC 234.7). El combustible diésel tributa a una tarifa mucho menor (CRC 138.75 por litro). El gas licuado del petróleo (GLP), el queroseno, el fuelóleo, el búnker y la nafta –que se emplean sobre todo en los sectores de la industria y residencial, y, en menor medida, para generar electricidad– tributan a tarifas sustancialmente inferiores a las del transporte terrestre (CRC 50 por litro). El sector pesquero está exento, al igual que los combustibles utilizados en aviones y barcos, en línea con los acuerdos internacionales. El gas natural y el carbón no están sujetos al impuesto sobre el combustible. En la actualidad, el gas natural y el carbón no se utilizan mucho en Costa Rica, aunque la situación podría cambiar si se redujera la proporción de generación de electricidad de origen hidráulico (véase OCDE, 2016 y anteriormente).

En los casos en los que el consumo de energía es gravado, las tarifas impositivas en Costa Rica repercuten de manera relativamente importante sobre el carbón. La figura 5.2 representa gráficamente las tarifas de impuestos sobre los combustibles (en el eje vertical), a fecha de 1 de abril de 2017, frente a las emisiones de carbono por uso de energía, en miles de toneladas de CO_2 (en el eje horizontal). Las emisiones de carbono por consumo energético están divididas en tres sectores económicos (transporte, calefacción, y procesamiento y combustibles utilizados para generar electricidad). La figura 5.2 permite apreciar las diferencias en la tributación de los diferentes combustibles y sectores en el espectro económico. Los combustibles utilizados en el transporte (fundamentalmente gasolina y combustible diésel) son gravados con las tarifas más altas, mientras que los empleados en calefacción y procesamiento son gravados con tarifas menores. El recuadro 5.2 incluye información detallada sobre la interpretación de la figura 5.2 y proporciona una referencia sobre los análisis de la OCDE relativos al uso de la energía en las economías de los países de la OCDE y el G20.

Los niveles de los impuestos a los combustibles en función de las emisiones de carbono en Costa Rica son relativamente altos, incluso cuando se comparan con las tarifas impositivas efectivas sobre el uso de energía en las economías de la OCDE y el G20 (véase OCDE, 2015a; OCDE, 2016b, para consultar un análisis completo por países de las tarifas impositivas efectivas por combustibles y por sectores). Más específicamente, los impuestos sobre combustibles en Costa Rica se traducen en unas tarifas impositivas efectivas sobre las emisiones de carbono relativamente altas. La OCDE (2016b) ha elegido el valor de EUR 30 por tCO_2 como referencia *mínima* relativa del costo climático del carbono. La figura 5.2 muestra que, en los casos en los que procede, los impuestos sobre los combustibles en Costa Rica gravan las emisiones de carbono por consumo de energía a niveles que superan con mucho los EUR 30 por tCO_2. Este valor de referencia para el costo climático del carbono se ha elegido como nivel inferior para los precios asignados al carbono. La selección de esta estimación como límite inferior de referencia no implica que los precios asignados al carbono sean suficientemente altos con un valor de EUR 30 por tCO_2, por lo que dicho valor no debería considerarse una conclusión aplicable a las directrices políticas que puedan deducirse a partir de tal comparación. Además, a diferencia de la práctica habitual en la mayor parte de las economías de la OCDE y el G20, las exenciones fiscales a las ventas de combustibles existentes en Costa Rica introducen una importante variación en los precios relativos de los combustibles en el país. Sin embargo, los impuestos que suelen aplicarse a una amplia gama de bienes (como el impuesto sobre el valor agregado y el impuesto sobre ventas al por menor) no se incluyen en los perfiles de los gráficos. La incidencia específica *de facto* del impuesto a las ventas sobre el precio de los combustibles complica la comparación directa de las tarifas impositivas efectivas en Costa Rica con las tarifas impositivas efectivas sobre combustibles y otros sectores en otros países (véanse también el recuadro 5.2 y el análisis expuesto en otros epígrafes, más adelante).

Recuadro 5.2. **Análisis de los impuestos sobre el consumo de energía en Costa Rica, la OCDE y el G20**

La OCDE ha publicado análisis detallados de la tributación del consumo de energía en los Estados miembros de la OCDE y el G20 en *Taxing Energy Use: A Graphical Analysis* (OCDE, 2013) y *Taxing Energy Use 2015: OCDE and Selected Partner Economies* (OCDE, 2015a). Un componente esencial de estos análisis son los gráficos de consumo de energía y tributación, preparados para cada país e incluidos en la base de datos de *Taxing Energy Use* (TEU), que contiene abundante información sobre las tarifas y la cobertura de los impuestos sobre el carbono y otras energías específicas. Los gráficos de consumo energético y tributación (véase la figura 5.2) se han preparado para esta primera revisión de la política fiscal de la OCDE para Costa Rica. En la figura 5.2 se ilustran la composición del consumo energético en el país y la tarifa efectiva del impuesto en diversos tipos de este consumo.

El eje horizontal de cada gráfico recoge el consumo energético final por las empresas y las personas físicas, que incluye la energía neta utilizada en la transmisión y en la conversión de la energía (p. ej., de petróleo crudo a gasolina, de carbón a electricidad). El consumo energético se ha agrupado en tres grandes categorías: transporte, calefacción, y procesamiento y electricidad. Estas tres categorías están desagregadas para cada país, lo que generalmente refleja las bases impositivas determinadas de ese país. Por tanto, las subcategorías difieren entre los distintos países según la naturaleza del combustible, su usuario o la finalidad de su consumo.

Todas las formas de energía se convierten en unidades comunes de emisiones de carbono (toneladas de dióxido de carbono) mediante factores de conversión estándar. La figura 5.2 expresa las cantidades de las diversas fuentes de energía en términos de emisiones de carbono asociadas con su empleo (en toneladas de dióxido de carbono). La nueva expresión de las bases impositivas en términos del contenido de carbono permite centrarse en la estructura de la tributación con respecto a una finalidad para la cual puede gravarse el combustible, como un reflejo del costo social de las emisiones de carbono. La electricidad difiere de los demás tipos de energía mostrados en que es un producto energético secundario; es decir, ha de generarse a partir de una energía primaria (p. ej., carbón, gas natural, energía nuclear y fuentes hidroeléctricas). Por tanto, la categoría de electricidad en los gráficos refleja el contenido energético o las emisiones

Recuadro 5.2. **Análisis de los impuestos sobre el consumo de energía en Costa Rica, la OCDE y el G20** *(continuación)*

de carbono de los combustibles primarios subyacentes que se utilizan para generarla a escala nacional, más que la energía eléctrica en sí misma. Los datos sobre consumo energético se han tomado de la fuente "Extended World Energy Balances" (IEA, 2014).

En el eje vertical, la figura 5.2 muestra el impuesto único sobre los combustibles a fecha 1 de abril de 2017. Los análisis de la OCDE sobre consumo energético y tributación comprenden los impuestos recaudados según una medida física del producto energético consumido, ya sea contemplado como importe monetario por unidad de combustible (tarifas unitarias) o como porcentaje del precio de ventas *(ad valorem)*. En Costa Rica, el impuesto único sobre los combustibles se valora por unidad, en línea con la práctica habitual en otros muchos países.

En los gráficos no se representan los impuestos que gravan una gama muy extensa de productos (como el impuesto general sobre las ventas o el IVA). Dado que estos impuestos suelen aplicarse a una misma tarifa para una gran diversidad de bienes, no influyen en los precios relativos. Sin embargo, cuando un producto energético está sujeto, por ejemplo, a una tarifa concesionaria del IVA, los precios relativos resultan afectados. Para determinar en qué medida existe una diferenciación de la tarifa del IVA para los productos energéticos, la OCDE (2015) expone por separado los tipos del IVA y del IVA concesionario en los productos energéticos. Además, en el análisis no se reflejan los impuestos que podrían estar relacionados con el consumo energético pero que no gravan directamente el producto (p. ej., tasas sobre vehículos, cargos a los usuarios de las carreteras e impuestos sobre emisiones de óxido de nitrógeno [NO_X] y óxido de azufre [SO_X]) y aquellos que no mantienen una relación fija con el volumen de combustible (p. ej., tasas por las congestiones de tráfico).

La OCDE analiza también las tasas efectivas sobre el carbono (OCDE, 2016b), definidas como el precio total que se aplica a las emisiones de dióxido de carbono por el consumo de energía como consecuencia de instrumentos políticos basados en el mercado. En comparación con las tarifas de impuestos efectivas aplicadas a las emisiones de carbono por el consumo de energía, en las tasas efectivas sobre el carbono están incluidas, asimismo, los montos de los precios de los impuestos y del comercio de emisiones. No obstante, dado que Costa Rica no maneja un sistema de permisos negociables para las emisiones del carbono, su tarifa de impuesto efectiva aplicada a estas emisiones por consumo energético es igual a las tasas efectivas sobre el carbono.

Fuente: Adaptado de la OCDE (2015b).

La tarifa del impuesto sobre el combustible diésel podría incrementarse al menos hasta el nivel de las tarifas sobre la gasolina, para que refleje mejor el efecto de aquel sobre el cambio climático y la contaminación atmosférica. Sobre la gasolina se aplica la tarifa más alta en términos de contenido de carbono (la figura 5.2 muestra el promedio ponderado de las tarifas en gasolina súper y plus); en cambio, el combustible diésel tributa a una tarifa mucho menos efectiva sobre el carbono. Sin embargo, dado el estado actual de los equipos y la tecnología, el combustible diésel emite niveles de agentes contaminantes perjudiciales para la atmósfera por litro superiores a los de la gasolina (Harding, 2014), y además el contenido de carbono del combustible diésel por litro es mayor. Para contener las emisiones del transporte terrestre –en concreto las del transporte pesado, que normalmente utiliza combustible diésel pesado–, Costa Rica debería valorar un posible incremento de la tarifa aplicada al combustible diésel, al menos para igualarla con la que se utiliza para la gasolina.

Figura 5.2. **Tarifas efectivas de tributación sobre el consumo energético en Costa Rica, en términos de contenido de carbono**

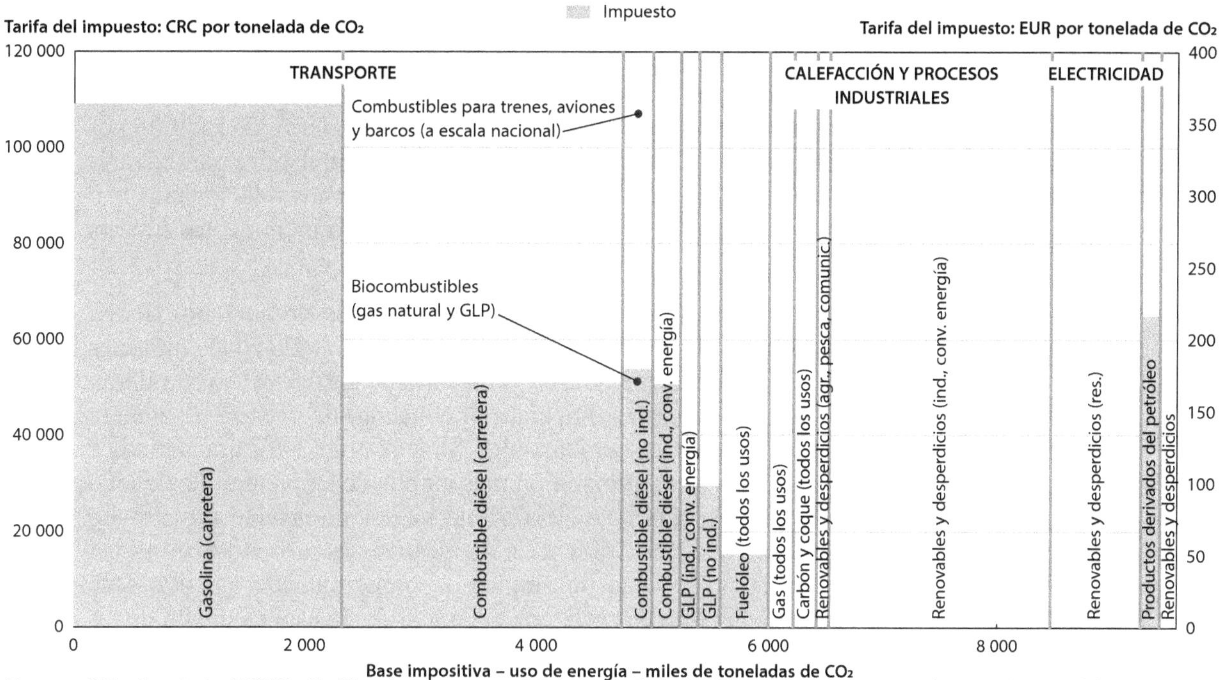

Fuente: Cálculos de la OCDE. Tarifas de impuestos del 1 de abril de 2017; datos de consumo de energía para 2012 según la IEA (2014), "Extended world energy balances", *IEA World Energy Statistics and Balances* (base de datos). DOI: http://dx.doi.org/10.1787/data-00513-en.

En Costa Rica, las tarifas de impuestos efectivas sobre las emisiones de carbono de los combustibles utilizados para calefacción y procesamiento y generación de electricidad no reflejan de modo sistemático los costos externos de las emisiones de carbono. En general, al garantizar que un precio uniforme del carbono cubre el mayor número posible de emisiones se eleva al máximo la rentabilidad de las iniciativas de recorte de emisiones y se evita su crecimiento en el futuro. En Costa Rica, la combinación de combustibles utilizada para calefacción residencial, en la industria y en el sector público y comercial (mostradas conjuntamente en la figura 5.2 como "calefacción y procesos industriales"), es muy diversa y está formada por un conjunto de derivados del petróleo, carbón, gas natural, biomasa, residuos y fuentes renovables. De ellos, todos los productos derivados del petróleo (LPG, fuelóleo y combustible diésel) tributan, pero con tarifas más bajas como promedio que la gasolina y el diésel, combustibles utilizados mayoritariamente en el sector del transporte. Esta práctica es corriente en la mayor parte de los países dado que, en ausencia de instrumentos políticos más dirigidos, los impuestos sobre los combustibles para el transporte se vinculan además con otros costos externos (no asociados al carbono) del sector (véase la tabla 5.1).

Para el costo externo de otros combustibles fósiles, como el carbón, no se aplican valoraciones de precios. Aunque actualmente el carbón es responsable de una escasa proporción del total de emisiones de carbono por consumo de energía en Costa Rica (alrededor del 2%), la extensión de un impuesto a todos los combustibles fósiles (incluidos carbón y gas natural) ayudaría a prevenir futuros aumentos de su uso en la industria, en los hogares y en la producción de electricidad. Así disminuiría la probabilidad de que estos combustibles reemplacen a la energía hidroeléctrica en el futuro (en caso de que el aprovechamiento de la energía hidroeléctrica se viera reducido como consecuencia del cambio climático). Como se indicó anteriormente, en la actualidad la generación eléctrica apenas produce emisiones de carbono en Costa Rica. Entre los combustibles fósiles utilizados en este ámbito predominan los productos derivados del petróleo, que se valoran con las mismas tarifas que los utilizados para calefacción y procesamiento. Una valoración válida para todos los combustibles, incluidos los utilizados en la generación eléctrica, a tasas que reflejaran su contenido en carbono (es decir, con el límite inferior de EUR 30 por tCO_2 y, si fuera posible, también para otros GEI emitidos en la combustión) garantizaría que los consumidores de energía tuvieran en cuenta los costos externos relacionados con el uso de combustibles a la hora de tomar sus decisiones, previniendo incrementos futuros en las emisiones.

Los países que valoran proporciones más altas de emisiones de carbono tienen también una menor intensidad de carbono en el PIB. El análisis incluido en los informes de la OCDE (2015a y OCDE, 2016b) muestra que, en la mayoría de los países, no se valoran de manera uniforme las emisiones de carbono debidas al consumo de energía de manera que reflejen el contenido de carbono en los combustibles. Sin embargo, la figura 5.3 indica que, en los países en los que se valora una proporción más amplia de emisiones de carbono por consumo energético, se observa una tendencia a una menor intensidad de carbono en el PIB. Ante el objetivo declarado por Costa Rica de alcanzar la carbono-neutralidad en 2021, podría considerarse la posibilidad de ampliar la proporción de emisiones de carbono gravadas, y aplicarles un precio en línea con el contenido de este elemento de los combustibles.

Figura 5.3. **Proporción de emisiones de CO_2 valoradas por encima de EUR 30 (izquierda) y de EUR 0 (derecha) por tonelada de CO_2 con respecto a la intensidad de carbono en el PIB, para 41 países, 2012**

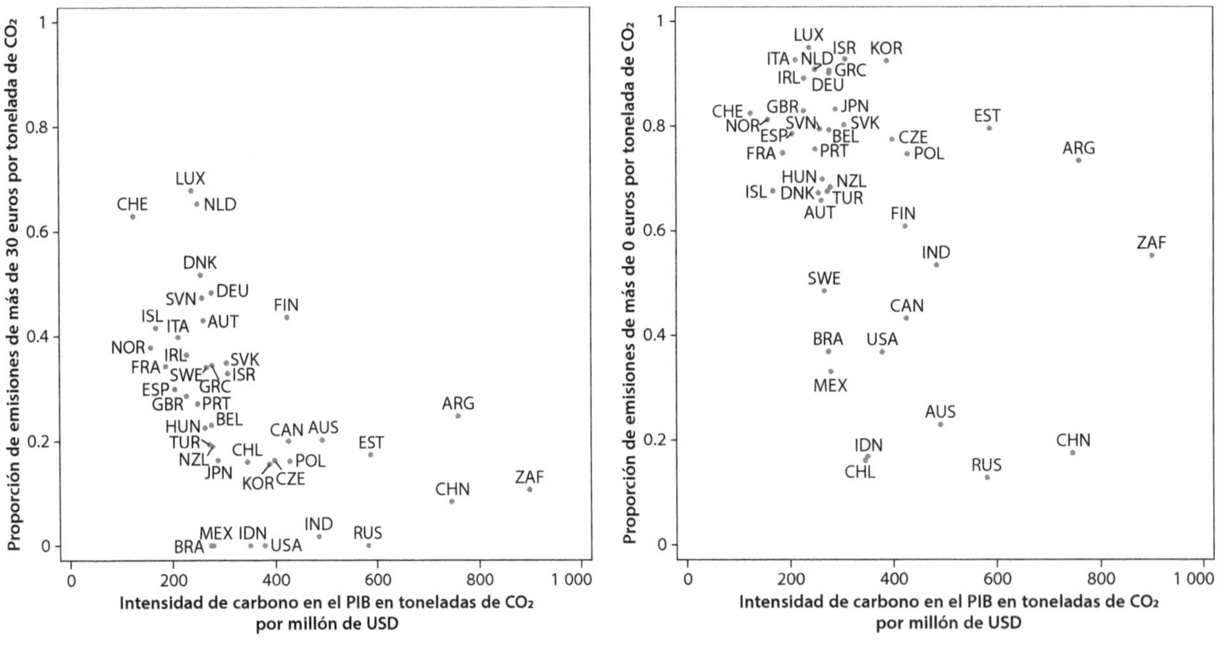

Fuente: OCDE (2016b), a partir de datos del PIB de los indicadores de desarrollo mundial (base de datos) http://data.worldbank.org/.

Costa Rica podría considerar la introducción de un impuesto sobre la producción eléctrica en los próximos años para aumentar la recaudación con bajo coste económico. A diferencia de lo que sucede en la mayoría de las economías de la OCDE y el G20, Costa Rica no grava la producción eléctrica. Los impuestos sobre el consumo eléctrico pueden ser instrumentos eficaces para aumentar la recaudación, dado que la demanda de electricidad no es muy elástica en lo que a precios se refiere. Además, los impuestos sobre la electricidad tienden a ser más difíciles de evitar que los directos, como el impuesto sobre la renta de las empresas, ya que suelen incluirse en el precio de la propia electricidad y, por tanto, se pagan directamente en la factura de la luz. Es generalizada la preocupación de que los hogares de menor renta se vean particularmente perjudicados por los impuestos sobre la generación de electricidad. Hay, no obstante, diversos medios, de contrastada eficacia, para compensar los potenciales efectos regresivos de los impuestos sobre la electricidad. Los responsables de las políticas en este ámbito pueden, por ejemplo, proporcionar pagos compensatorios dirigidos a las unidades familiares de menor poder adquisitivo (p. ej., mediante transferencias dependientes de los ingresos o de sumas globales). Otra forma de abordar los posibles problemas distributivos es que pequeñas partes del consumo de energía queden exentas de tributación. Para facilitar el ajuste a los consumidores de electricidad es aconsejable introducir gravámenes con tarifas bajas, que se vayan incrementado de manera gradual con el tiempo.

Un impuesto sobre la electricidad debería ir acompañado de la aplicación de un impuesto a los combustibles fósiles utilizados en la generación de energía eléctrica, con tarifas que estén en línea con el contenido de carbono y con el perfil contaminante más significativo del correspondiente combustible fósil, según se describe en epígrafes anteriores. Ello se debe a que, si la combinación de combustibles no es fija, los impuestos sobre los combustibles y sobre el consumo de electricidad afectan a diferentes márgenes conductuales. Por ejemplo, un impuesto sobre el consumo de electricidad no orienta la combinación de combustibles en una determinada dirección (p. ej., en la de los combustibles de bajo contenido en carbono), mientras que los impuestos sobre los propios combustibles sí tienen esa capacidad. Aunque la combinación de combustibles destinados a la generación de electricidad en Costa Rica es actualmente baja en carbono, gravar con un impuesto los combustibles destinados a producir electricidad puede contribuir a evitar aumentos en la intensidad de carbono de la combinación de producción de electricidad en el futuro.

Los combustibles sujetos al impuesto único sobre los combustibles están exentos de todos los impuestos sobre importación, incluido el impuesto general sobre las ventas, lo cual se traduce *de facto* en un trato fiscal preferente para los productos energéticos. Como ya se ha indicado en el capítulo, los impuestos sobre los combustibles aportan una solución apropiada para que los consumidores tengan en cuenta en sus decisiones los costos externos del consumo de estos productos. Otros impuestos, como los aranceles de importación, el IVA o los impuestos sobre las ventas, también elevan los precios de los productos energéticos, aunque no suelen ser específicos de ellos. Por tanto, no alteran el nivel relativo de los precios de dichos productos en relación con otros bienes y servicios. No obstante, si las tarifas de estos impuestos se diferencian y llegan a influir de manera acusada en el precio relativo de los productos energéticos, se convertirán *de facto* en específicos de estos. En Costa Rica, los combustibles sujetos a este impuesto están exentos del impuesto general sobre las ventas. Una reducción selectiva de estos impuestos sobre las ventas para los productos energéticos contrarresta la intención de aumentar los precios de la energía para los usuarios finales (por motivos ambientales y fiscales). Este efecto es especialmente acusado si las tarifas diferenciales se aplican únicamente sobre los productos de la energía, como sucede en Costa Rica. Para contrarrestar este efecto, es posible considerar también la recaudación del IVA y de los aranceles de importación de los bienes sujetos al impuesto sobre los combustibles (véase el capítulo 4). Los intentos de reflejar los costos externos del consumo de carburantes y de diferenciar los precios de los productos energéticos en relación con otros bienes deberían aplicarse por medio de tasas especiales, no de impuestos sobre las ventas, IVA o aranceles a la importación, siendo preferible aplicar estos últimos a una gama más extensa de bienes y servicios.

Aún queda margen para adaptar la tributación de los vehículos motorizados, de manera que se reflejen más estrictamente los costos de uso

Costa Rica grava la propiedad y la compra de vehículos mediante distintos instrumentos. La propiedad de un vehículo implica el pago de impuestos con periodicidad anual, con tarifas diferenciales según el tipo y el uso del vehículo (véase la tabla 5.2). Mientras que los vehículos privados tributan según tarifas que aumentan conforme lo hace el precio del vehículo, las motocicletas lo hacen de acuerdo con su potencia. Taxis, autobuses y camiones abonan una tarifa fija como impuesto sobre la propiedad de vehículos, situada aproximadamente en la tercera parte del mínimo para vehículos privados. Sobre la compra de vehículos se aplican dos impuestos. El impuesto selectivo de consumo recauda tarifas *ad valorem* sobre el valor de costo, seguros y carga. El impuesto se recauda también sobre las compras de coches nacionales, aunque, debido a la ausencia de una industria automovilística nacional, se aplica únicamente a los vehículos importados. Se aplican tarifas diferenciales más elevadas a los vehículos de más de 7 años de antigüedad, menores a los híbridos y nulas a los eléctricos. Además de estos tributos, se aplica un

Tabla 5.2. **Impuestos específicos aplicados a los vehículos motorizados en Costa Rica, 2016**

		Importación o compra		Reventa en el país	Propiedad
		Aranceles a la importación	Impuesto selectivo de consumo	Impuesto sobre la venta de vehículos usados	Impuesto anual sobre la propiedad de vehículos motorizados
Tipo de combustible	Tipo de vehículo	Precio de venta			
100% fósiles	Vehículos privados para pasajeros (nuevos, < 7 años)	0%	30%	2.5%	Mayor cuanto mayor es el valor del vehículo
	Vehículos privados para pasajeros (> 7 años)	0%	48%		
	Autobuses	5%	23-43%		Fijo, CRC 80 000
	Taxis	0%	30%		
	Camiones	14%	14-48%		
Híbridos	Todos los vehículos, nuevos	0%	10%		Como el de otros vehículos de pasajeros privados (véase más arriba)
Eléctricos	Todos los vehículos, nuevos	0%	0%		

Nota: Además de los tributos incluidos en esta tabla, se aplica el impuesto general sobre las ventas (13%) y una tarifa basada en la Ley 6946 (1%), que no varían según el tipo de vehículo o combustible utilizado.

Fuente: Datos obtenidos de las correspondientes leyes y normativas.

impuesto general sobre las ventas (13%) y una tarifa basada en la Ley 6946 (1%), aunque sin variaciones por tipo de vehículo o combustible utilizado. Dado que, en la mayoría de los países, el impuesto general sobre las ventas y el IVA no introducen variaciones específicas *de facto* en los precios relativos de distintos productos, estos impuestos no se cuentan como específicos del consumo del vehículo, ni se recogen en la tabla 5.2.[2]

El diseño de estos impuestos podría adaptarse, a fin de estimular la adquisición de vehículos menos contaminantes. Las tarifas de impuestos establecen algunas diferencias según la antigüedad y el tipo de vehículo, aunque, aun así, queda un margen para adecuarlas mejor a los costos externos del su uso del transporte terrestre. Los tributos existentes sobre la propiedad y la transferencia de vehículos pueden complementarse con componentes basados en las emisiones medias del automóvil en gramos por kilómetro, con intención de alentar a los consumidores a que opten progresivamente por vehículos más limpios en cuanto a emisiones, como se hizo en Chile (véase el recuadro 5.3). Por otra parte, las tarifas fijas abonadas por autobuses, taxis y camiones por el impuesto sobre la propiedad de vehículos deberían ser reconsideradas y, en el mejor de los casos, calculadas en función de las tarifas pagadas por otros vehículos. De esta forma se incentivaría el cambio a vehículos menos contaminantes en estos grupos de usuarios. Por otra parte, sería útil analizar si el impuesto general sobre las ventas de los vehículos usados actúa como una adecuada motivación para la renovación del parque automovilístico.

Para elevar la recaudación, los impuestos sobre los vehículos deberían continuar manteniendo un planteamiento sencillo. Conseguir un impuesto sobre la circulación bien diseñado que eleve la recaudación y que, al mismo tiempo, reduzca las emisiones no es fácil. Por ejemplo, la experiencia francesa con el sistema llamado *"bonus-malus"*, un tipo de impuesto que varía en función de las emisiones de carbono de los vehículos, ha revelado que una variación demasiado detallada en los impuestos sobre la circulación según el efecto ambiental de los vehículos supone un riesgo innecesario para la recaudación y añade incertidumbre ante la variabilidad del efecto de las emisiones (d'Haultfoeuille et al., 2014).[3] En cambio, el Gobierno de Israel introdujo un impuesto sobre la compra de vehículos que ha influido notablemente en el comportamiento de compra de estos productos por parte de los contribuyentes y en la reducción de las emisiones de carbono del parque automovilístico, pero con una rápida erosión de la recaudación fiscal (Roshal y Tovias, 2016). En muchos casos, un impuesto que distinga entre el contenido de carbono de los distintos combustibles, como se ha descrito anteriormente, logra una reducción de las emisiones a un costo inferior al que supone un impuesto muy diferenciado sobre los vehículos. En consecuencia, en Costa Rica, si se mantuviera un componente de la tarifa del impuesto sobre los vehículos basado en el precio del vehículo, el tamaño del motor u otro argumento similar, junto con alguna diferenciación introducida por criterios ambientales, se fomentaría un equilibrio entre el incremento de la recaudación y los objetivos ambientales.

Costa Rica está valorando la introducción de nuevas políticas para estimular el uso de la electricidad en el sector del transporte. En los planes actuales se contempla eximir a todos los vehículos eléctricos y a sus repuestos, de todos los aranceles a la importación, los impuestos selectivo sobre el consumo y general sobre las ventas, las restricciones a la circulación de los vehículos en el área metropolitana de San José y las tarifas de parqueo. Estas exenciones se aplicarán con independencia del valor, del tamaño y del tipo de vehículo, aunque se ha hablado de incluir un nivel de exención máximo, en función del precio del vehículo. Además, la adquisición de automóviles eléctricos sería deducible parcialmente del impuesto sobre la renta de las empresas y las personas físicas. Estas políticas serían válidas durante 5 años o hasta que en Costa Rica existieran 100 000 vehículos eléctricos.

Recuadro 5.3. **Ejemplos en Chile: tributación de los vehículos y precios del tránsito**

Varios Estados miembros de la OCDE aplican impuestos sobre los vehículos que varían según la eficiencia del combustible o las emisiones de dióxido de carbono. Algunos más tienen en cuenta la contaminación atmosférica local en sus impuestos (Israel y Noruega figuran entre las excepciones). Desde enero de 2015, Chile ha introducido un nuevo impuesto sobre la circulación de vehículos privados de pasajeros, el cual puede ayudar a modificar gradualmente la composición del parque automovilístico. Sin embargo, desde el punto de vista ambiental es menos eficiente que los impuestos directos sobre los combustibles y sobre el tránsito, ya que no está vinculado con el uso del vehículo.

El impuesto chileno se diferencia según el rendimiento urbano del vehículo, sus emisiones de NO_X y su precio de venta. El Gobierno aplicará el elemento de NO_X del impuesto de forma gradual; está previsto que su valor final se alcance en 2017. Dado lo reciente del establecimiento de este impuesto, no ha sido posible analizar su efecto global. No obstante, algunos indicios apuntan a que el consumo está cambiando en la dirección esperada, con un aumento de la cuota de mercado para los vehículos de emisiones bajas. El análisis incluido en los trabajos de la OCDE y la CEPAL (2016) ilustra la variación del impuesto según las emisiones de NO_X para diferentes niveles de rendimiento del combustible. Utiliza como ejemplo un vehículo de pasajeros con un precio de venta supuesto de unos 10 000 dólares internacionales. El porcentaje del impuesto sobre el precio de venta aumenta proporcionalmente con las emisiones de NO_X. En el límite de emisión Euro-5 de NO_X para vehículos diésel, la tarifa es del 8-9% del precio de venta, para los niveles de eficiencia seleccionados para el combustible. Para un vehículo de gasolina que cumpla con el límite de emisión Euro-5, la tarifa del impuesto es del 3-4% (el límite de emisión Euro-5 es más estricto para la gasolina que para el combustible diésel). Por consiguiente, en términos absolutos, un vehículo de gasolina pagaría unos 500 dólares menos que uno diésel, de acuerdo a las mayores emisiones de NO_X propias de la tecnología diésel frente a la de gasolina.

Figura 5.4. **El impuesto de vehículos es más bajo para vehículos más limpios y baratos**

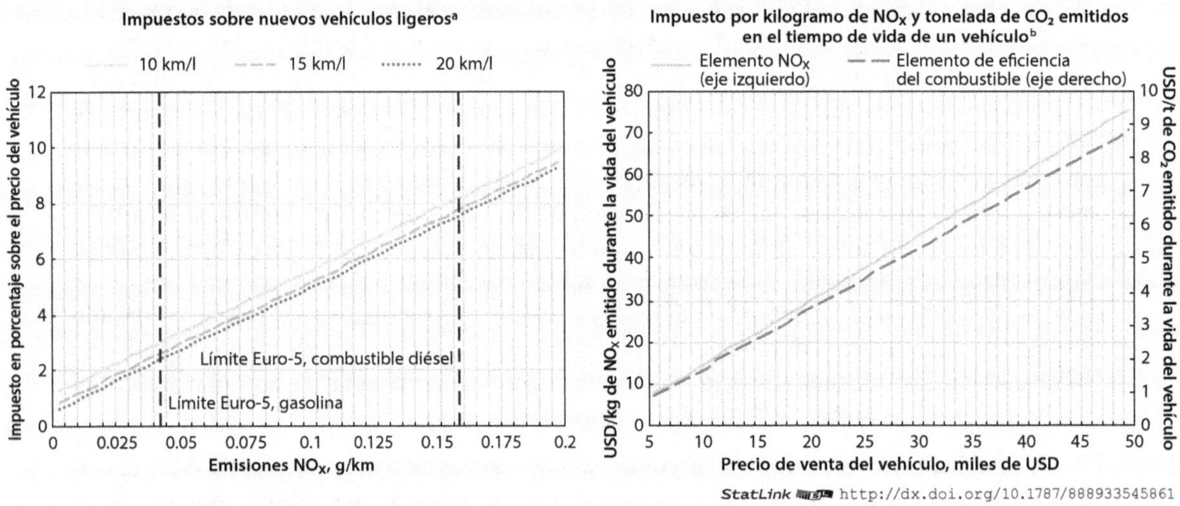

StatLink http://dx.doi.org/10.1787/888933545861

Notas: a. El nivel del impuesto depende del precio de los vehículos. En este gráfico, los datos se refieren a vehículos con un precio de venta supuesto de CLP 6 000 000 (USD 9 000). Las tarifas de impuestos mostradas corresponden a 2017

b. El cálculo presupone que cada vehículo tiene una antigüedad de 200 000 km. Las tarifas de impuestos mostradas corresponden a 2017.

Fuente: Cálculos de la OCDE.

Recuadro 5.3. **Ejemplos en Chile: tributación de los vehículos y precios del tránsito** *(continuación)*

Las concesiones para peajes, que en Chile se han venido otorgando a operadores privados desde los años noventa, ayudaron significativamente a ampliar la red de autopistas del país, entre ellas las del área metropolitana de Santiago. Así, la capital chilena se convirtió en la primera ciudad del mundo en poner en marcha autopistas urbanas casi al mismo tiempo que peajes de flujo libre interoperativos.[a] Los peajes reflejan tanto el costo del uso de las carreteras como los efectos externos relacionados con el tráfico, en particular la congestión. Aumentan con la longitud de los tramos recorridos y con el peso de los vehículos, y varían según la franja horaria (tránsito bajo, alto o saturación)[b]. Los cargos por las congestiones implican ventajas económicas y ambientales. No solo permiten recuperar los costos de la inversión, sino que, además, aplican un precio adecuado a los efectos de limitación de espacio y ambientales externos (p. ej., contaminación atmosférica), y permiten una competencia más equilibrada entre diferentes modos de transporte. Al vincular los peajes con los niveles de emisiones y la eficiencia de los combustibles, se estimula la adquisición de vehículos más limpios.

Notas: a. Las autopistas se han licitado mediante concurso público a diferentes operadores. Un telepeaje de flujo libre interoperativo permite a los usuarios no tener que pararse para pagar en las cabinas, sino que pasan bajo un pórtico que hace posible intercambiar la información para proceder a una facturación automática.

b. Las tarifas para momentos de tránsito intenso se aplican cuando el tráfico hace que la velocidad media de la vía sea menor que aquella para la que está diseñada; las de saturación, cuando la velocidad media está muy por debajo de la diseñada para el tramo viario en cuestión.

Fuente: OCDE y CEPAL (2016).

La exención de impuestos propuesta para los automóviles eléctricos no parece estar muy bien orientada y, probablemente, resultará costosa y regresiva. La tendencia a emplear electricidad como fuente de energía en el sector del transporte puede ser un modo eficaz de reducir el efecto ambiental del transporte terrestre, siempre que la electricidad se genere a partir de fuentes limpias, como sucede en Costa Rica. No obstante, dado que los vehículos eléctricos consumen menos combustible y contribuyen a reducir el efecto del transporte en el cambio climático y la contaminación atmosférica, sus usuarios ya se benefician de los menores gastos asociados a los impuestos sobre los combustibles. De igual forma que los otros vehículos, los automóviles eléctricos contribuyen a incrementar los demás costos externos del transporte terrestre (por congestión de tráfico y accidentes, y, en cierta medida, también por el desgaste de las carreteras que ocasionan los vehículos pesados). En este sentido, no parece justificada una amplia exención de impuestos, medida que no se correspondería con la magnitud de los costos externos del uso de estos vehículos. Además, la amplia exención de impuestos propuesta puede resultar relativamente costosa en términos de recaudación perdida, sin que se haya calculado en qué medida fomentaría la compra de vehículos eléctricos e híbridos. Por otra parte, como estos automóviles suelen ser relativamente costosos, la exención de impuestos favorecerá claramente a las unidades familiares de mayor poder adquisitivo, que tienen mayor probabilidad de adquirirlos. Una política alternativa para acelerar el uso de energía eléctrica en el transporte consistiría en aumentar las inversiones en estaciones de carga de los motores y en otras infraestructuras necesarias. Por estos mismos motivos, la calificación de impuestos nulos para los vehículos eléctricos y las tarifas reducidas para los híbridos en el impuesto selectivo de consumo podrían ser objeto también de un nuevo análisis.

Costa Rica puede valorar la posibilidad de eliminar las restricciones a la circulación en la zona de la capital y extender las medidas basadas en el precio

Pese a las restricciones a la circulación en el área metropolitana de San José, la congestión de tráfico y la contaminación atmosférica siguen siendo altas. Para regular el tráfico y reducir la congestión se ha prohibido la circulación de los vehículos privados en el área metropolitana, específicamente en el centro de San José un día a la semana según la última cifra de la matrícula de los automóviles. Se han aplicado exenciones para las motocicletas, el transporte público, los taxis y los vehículos de alquiler, o a aquellos con cinco ocupantes o más en horas punta. No obstante, aunque las restricciones a la circulación se han aplicado sin interrupciones desde agosto de 2005, la congestión de tráfico y la contaminación atmosférica en el entorno de la capital siguen siendo elevadas.

Algunas evidencias señalan que las restricciones a la circulación constituyen una política relativamente costosa. Aunque las restricciones a la circulación estimulan una reducción del tráfico (con el uso de modos de transporte alternativos y limitaciones prefijadas en días específicos), no ofrecen todas las posibilidades de adaptación de los conductores (p. ej., evitando las horas punta). Como consecuencia de ello, el costo general asociado a las restricciones a la circulación en ocasiones es elevado. Por otra parte, las pruebas recabadas de otras políticas similares (p. ej., en Ciudad de México) revelan que los conductores con mayor poder adquisitivo responden a este tipo de restricciones con la compra de un segundo vehículo, que suele ser más antiguo y contaminante (Davis, 2008). Así pues, Costa Rica podría pensar en abandonar gradualmente las restricciones a la circulación y sustituirlas por medidas más basadas en el precio, como, por ejemplo, subiendo la tarifa de parqueo en el centro urbano. En el mediano o largo plazo, podría considerarse el cobro por circular a los vehículos privados en determinadas áreas de la ciudad, como se ha hecho en el centro de Santiago de Chile (véase el recuadro 5.3), Singapur, Londres y Estocolmo.

Existe margen para aumentar la neutralidad de la tributación de los productores de electricidad y del uso de ésta

Para mejorar la igualdad de oportunidades entre los productores de electricidad privados y municipales, es posible pensar en un trato fiscal más uniforme entre ellos. Aunque las entidades públicas, como el productor nacional de electricidad ICE (que controla el 74.1% de la capacidad de generación), y todos los productores privados (7.2% de esta capacidad) están sujetos al impuesto sobre la renta de las empresas, los productores municipales (11.01% de la capacidad de generación) se encuentran exentos de este gravamen. Aparentemente, el trato fiscal diferenciado entre productores crea una ventaja competitiva para los de ámbito municipal, sin que exista un argumento económico de peso que lo sustente.[4]

El amplio espectro de exenciones tributarias para los productos eficientes en términos energéticos se considera una política relativamente costosa para fomentar su utilización. Un conjunto de productos, considerados eficientes en términos energéticos o de bajo consumo de carbono, está exento de los aranceles a la importación (es decir, de los impuestos selectivos de consumo y sobre las ventas). Esta política no parece rentable la hora de reducir las emisiones. Aunque, en principio, los incentivos fiscales y otras formas de subvención modifican los precios relativos de los bienes ambientales, al igual que los precios del carbono, tienen numerosas limitaciones importantes. Por ejemplo, las subvenciones fiscales inevitablemente implican la necesidad de "seleccionar ganadores", y es frecuente que los incentivos fiscales subvencionen acciones que se habrían realizado igualmente en ausencia de los mismos, dando lugar a una limitada reducción adicional de carbono (véase Greene y Braathen, 2014, para consultar un análisis más detallado al respecto). Como consecuencia, se prefieren planteamientos que graven los productos energéticamente ineficientes en vez de subvencionar los eficientes. Como alternativa podría plantearse una asignación de precios bien diseñada al carbono y, posiblemente, también la incentivación del aislamiento correcto de los edificios, que serían iniciativas más económicas para favorecer la eficiencia energética y la producción de electricidad con bajo consumo de carbono.

El impuesto propuesto sobre recipientes de plástico no reciclables puede ser un instrumento válido para reducir su uso

Costa Rica está valorando la introducción de un impuesto específico sobre los recipientes de plástico no reciclables. En otros países, unas tarifas de impuestos bajas sobre los residuos no reutilizables, como las que se aplican a las bolsas de plástico en el Reino Unido e Irlanda, han mostrado una notable eficacia en la reducción de los residuos de estos productos. Por ejemplo, en el Reino Unido, un pequeño recargo sobre las bolsas de plástico ha reducido su utilización en 6 000 millones de unidades en los primeros meses de 2016, en comparación con el año anterior (Barkham, 2016). Los efectos ambientales de este impuesto pueden ser importantes, aunque, debido a la gran flexibilidad de la base gravable y a la baja tarifa, la recaudación pública asociada será más bien modesta.

Es posible aumentar la rentabilidad del Programa de PSA

Costa Rica maneja un Programa de PSA extenso y muy conocido. Mediante el Programa de PSA, administrado por el Fondo Nacional de Financiamiento Forestal (FONAFIFO) de Costa Rica, el Gobierno suscribe contratos con los propietarios de fincas forestales por los servicios proporcionados para evitar la deforestación. El Gobierno costarricense reconoce cuatro servicios ambientales, que se proporcionan por hectárea de superficie boscosa: reducción de las emisiones de GEI, protección de los recursos hídricos, conservación de la biodiversidad y preservación de la belleza de los entornos naturales.

El Programa de PSA se superpone con varias normativas y sería necesario, por otra parte, cuantificar mejor sus efectos directos. El Programa de PSA se ha citado como un gran éxito en el esfuerzo por revertir la deforestación en Costa Rica. Más de la mitad del territorio del país está actualmente cubierta por bosques, frente al porcentaje de solo el 26% que se registraba en 1983 (Banco Mundial, 2016). El programa se superpone con el ámbito de otras iniciativas, como la prohibición del cambio en el uso de la tierra y una ley que promueve la recuperación de los bosques secundarios (IIED, 2013). Como consecuencia de ello, no es fácil discernir qué parte de los beneficios ambientales se derivan del Programa de PSA y cuáles de las demás políticas. Para mejorar la rentabilidad del programa en cuanto a prestación de servicios ambientales, debería realizarse un análisis de costos y beneficios de estas políticas.

Los niveles de pagos del Programa de PSA pueden ajustarse mejor a la probabilidad de deforestación de cada hectárea. Los propietarios de las fincas reciben una cantidad de dinero por hectárea de bosque conservado, con valores que el Gobierno fija cada año. Sin embargo, las solicitudes de estos propietarios para participar en el programa superan siempre el financiamiento disponible. Si se aplicaran más reducciones, algunas tierras podrían llegar a cambiar de uso, sobre todo cuando el costo de oportunidad de las mismas sea elevado. Una posible solución consistiría en alinear el monto de los pagos por hectárea con el costo de oportunidad del uso de la tierra. Por ejemplo, los pagos podrían modificarse de acuerdo con su distancia a los núcleos urbanos y otros indicadores determinantes del valor del terreno. Esta orientación coincidiría con los recientes intentos de distanciarse del criterio de orden de llegada para asignar los contratos del Programa de PSA de cara a otorgar prioridad a las zonas de mayor interés para la conservación. Por otra parte, se podría valorar una eventual desvinculación del financiamiento del programa de las fluctuaciones en la recaudación tributaria de los combustibles.

A partir de este análisis pueden deducirse las siguientes recomendaciones sobre política fiscal:

Recomendaciones

- Ajustar las tarifas del impuesto sobre los combustibles al contenido de carbono de los mismos. Se podría incluir un aumento de la tarifa sobre el combustible diésel de, al menos, el mismo nivel que el aplicado a la gasolina, así como la introducción de tarifas de impuestos sobre el carbón y el gas natural.
- Eliminar las exenciones en los aranceles a la importación y en el impuesto sobre las ventas de combustibles.
- Introducir un impuesto sobre la producción eléctrica, con el fin de fomentar un uso más eficaz de la electricidad, abordando los efectos distributivos de dicho impuesto.
- Adaptar los impuestos a los vehículos, a fin de abordar mejor los problemas de contaminación y congestión del tráfico, por ejemplo mediante un suplemento con una tasa a los motores contaminantes (p. ej., con emisiones de NO_x).
- Alinear la tributación de los taxis, camiones y autobuses con la de otros vehículos.
- Reemplazar las amplias exenciones fiscales para los automóviles eléctricos por un aumento de la inversión en las infraestructuras de transportes, incluidas las necesarias para el uso de vehículos eléctricos.
- Unificar el tratamiento tributario aplicable a los productores de electricidad municipales y privados.
- Evaluar las exenciones fiscales para productos eficientes en términos energéticos, en términos de su rentabilidad, con el fin de fomentar reducciones adicionales en las emisiones.
- Valorar la evaluación de la complementación del programa PSA con nuevos servicios ambientales.

Notas

1. La industria de fabricación y producción de energía, los sectores residencial y comercial, y la agricultura sumaban en 2012 el 23.9, el 1.7 y el 4.5% de las emisiones, respectivamente. Debe observarse que las estimaciones sobre proporción de emisiones de GEI por sector es variable, según el método que se utilice para cuantificar las emisiones debidas a la biomasa. Para medir la contribución de la biomasa, la Convención Marco de las Naciones Unidas sobre el Cambio Climático (CMNUCC) toma en general un ciclo de vida como base para el recuento (que valora como cero), aunque la OCDE (2015 y 2016) no estima como nulas las emisiones derivadas de la combustión de biomasa. Las cifras que se recogen en este capítulo se corresponden con los criterios adoptados por la OCDE (2015 y 2016).

2. Las transacciones a nivel nacional referidas a vehículos usados están gravadas al 2.5% del precio de venta, sin distinción por tipos de vehículos o de motores.

3. Una evaluación de la política francesa ha puesto de relieve que la aplicación de reducciones muy cuantiosas en los impuestos sobre los vehículos puede ser contraproducente, ya que incentiva la venta de automóviles y, con ello, aumenta las emisiones de carbono. Braathen (2009 y 2011) ha constatado que combatir las emisiones de dióxido de carbono mediante impuestos diferenciados para los distintos tipos de vehículos puede ser relativamente costoso.

4. La OCDE (2016c) analiza el modo en el que se establecen las tarifas eléctricas en Costa Rica, y lo compara con la metodología de establecimiento de tarifas en algunos de sus países miembros. Un punto clave que se debería tener en cuenta en este análisis es que las formas en las que las tarifas eléctricas son establecidas por la Autoridad Reguladora de los Servicios Públicos (ARESEP) no suponen incentivos importantes para la reducción del costo por parte de los productores de electricidad.

Bibliografía

Climate Action Tracker (2015), *Costa Rica,* http://climateactiontracker.org/countries/costarica.html.

Banco Mundial (2016), *Accounting Reveals that Costa Rica's Forest Wealth is Greater Than Expected,* http://www.worldbank.org/en/news/feature/2016/05/31/accounting-reveals-that-costa-ricas-forest-wealth-is-greater-than-expected.

Barkham, P. (2016), "Six billion plastic bags can't be wrong- so what do we tax next?", The Guardian, 3 de octubre de 2016, https://www.theguardian.com/environment/shortcuts/2016/oct/03/six-billion-plastic-bags-cant-be-wrong-so-what-do-we-tax-next.

Braathen, N. A. (2011), "Carbon-Related taxation in OECD countries and interactions between policy instruments" in Larry Kreiser, Julsuchada Sirisom, Hope Ashiabor, and Janet E. Milne (eds.), *Environmental Taxation and Climate Change: Achieving Environmental Sustainability through Fiscal Policy, Critical Issues in Environmental Taxation*, Volume X, Edward Elgar, p.3-19.

Braathen, N. A. (2009), "Incentives for CO_2 emission reductions in current motor vehicle taxes", Artículo preparado para la OECD Working Party sobre National Environmental Policies, www.oecd.org/officialdocuments/publicdisplaydocumentpdf/?cote=env/epoc/wpnep/t(2009)2/final&doclanguage=en.

IIED (2013), *Learning From 20 Years of Payments for Ecosystem Services in Costa Rica,* http://pubs.iied.org/16514IIED/.

Harding, M. (2014), "The diesel differential: differences in the tax treatment of gasoline and diesel for road use", *OECD Taxation Working Papers,* No. 21, OECD Publishing, Paris, http://dx.doi.org/10.1787/5jz14cd7hk6b-en.

Davis, L.W (2008), "The effect of driving restrictions on air quality in Mexico City", *Journal of Political Economy,* 116: 38-81.

Granoff et al. (2015), "Bridging Costa Rica's green growth gap", *ODI Research Reports and Studies*, www.odi.org/publications/9865-bridging-costa-ricas-green-growth-gap-support-further-transformation-toward-green-economy.

Greene, J. y N. Braathen (2014), "Tax Preferences for Environmental Goals: Use, Limitations and Preferred Practices", *OECD Environment Working Papers*, No. 71, OECD Publishing, Paris, http://dx.doi.org/10.1787/5jxwrr4hkd6l-en.

MINAE – Ministerio del Medio Ambiente de Costa Rica (2015a), *Intended nationally determined contribution*, San José de Costa Rica, http://www4.unfccc.int/submissions/INDC/Published%20Documents/Costa%20Rica/1/INDC%20Costa%20Rica%20Version%202%200%20final%20ENG.pdf.

MINAE – Ministerio del Medio Ambiente de Costa Rica (2015b), *Informe Bienal de Actualización ante la Convención Marco de las Naciones Unidas sobre el Cambio Climático*, San José de Costa Rica, http://unfccc.int/resource/docs/natc/corbur1.pdf.

MINAE – Ministerio del Medio Ambiente de Costa Rica (2014), *Plan Nacional de Energía 2015 – 2030*, San José de Costa Rica, http://www.minae.go.cr/recursos/2015/pdf/VII-PNE.pdf.

OCDE (2016a), *The Economic Consequences of Outdoor Air Pollution*, OECD Publishing, Paris, http://dx.doi.org/10.1787/9789264257474-en.

OCDE (2016b), *Effective Carbon Rates: Pricing CO2 Through Taxes and Emissions Trading Systems*, OECD Publishing, Paris, http://dx.doi.org/10.1787/9789264260115-en.

OCDE (2016c), *OECD Economic Surveys: Costa Rica 2016: Economic Assessment*, OECD Publishing, Paris, http://dx.doi.org/10.1787/eco_surveys-cri-2016-en.

OCDE (2015a), *Taxing Energy Use 2015: OECD and Selected Partner Economies*, OECD Publishing, Paris, http://dx.doi.org/10.1787/9789264232334-en.

OCDE (2015b), *Aligning Policies for a Low-Carbon Economy*, OECD Publishing, Paris, http://dx.doi.org/10.1787/9789264233294-en.

OCDE (2013a), *Effective Carbon Prices*, OECD Publishing, Paris, http://dx.doi.org/10.1787/9789264196964-en.

OCDE (2013b), *Taxing Energy Use: A Graphical Analysis*, OECD Publishing, Paris, http://dx.doi.org/10.1787/9789264183933-en.

OCDE and ECLAC (2016), *OECD Environmental Performance Reviews: Chile 2016*, OECD Publishing, Paris, http://dx.doi.org/10.1787/9789264252615-en.

Van Dender, K. e I. Parry, (Pendiente de publicación), "Taxing vehicles, fuel, and use: what tax mix for road transport?", *OECD Discussion Paper.*

WHO (2016), *Ambient Air Pollution: A Global Assessment of Exposure and Burden of Disease*, Organización Mundial de la Salud, Geneva, http://www.who.int/phe/publications/air-pollution-global-assessment/en/.

ORGANIZACIÓN DE COOPERACIÓN Y DE DESARROLLO ECONÓMICOS (OCDE)

La OCDE constituye un foro único en su género, donde los gobiernos trabajan conjuntamente para afrontar los retos económicos, sociales y medioambientales que plantea la globalización. La OCDE está a la vanguardia de los esfuerzos emprendidos para ayudar a los gobiernos a entender y responder a los cambios y preocupaciones del mundo actual, como el gobierno corporativo, la economía de la información y los retos que genera el envejecimiento de la población. La Organización ofrece a los gobiernos un marco en el que pueden comparar sus experiencias políticas, buscar respuestas a problemas comunes, identificar buenas prácticas y trabajar en la coordinación de políticas nacionales e internacionales.

Los países miembros de la OCDE son: Alemania, Australia, Austria, Bélgica, Canadá, Chile, Corea, Dinamarca, Eslovenia, España, Estados Unidos de América, Estonia, Finlandia, Francia, Grecia, Hungría, Irlanda, Islandia, Israel, Italia, Japón, Letonia, Luxemburgo, México, Noruega, Nueva Zelanda, Países Bajos, Polonia, Portugal, Reino Unido, República Checa, República Eslovaca, Suecia, Suiza y Turquía. La Comisión Europea participa en el trabajo de la OCDE.

Las publicaciones de la OCDE aseguran una amplia difusión de los trabajos de la Organización. Éstos incluyen los resultados de la compilación de estadísticas, los trabajos de investigación sobre temas económicos, sociales y medioambientales, así como las convenciones, directrices y los modelos desarrollados por los países miembros.

ÉDITIONS OCDE, 2, rue André-Pascal, 75775 PARÍS CEDEX 16
(23 2017 06 4 P) ISBN 978-92-64-27859-2 – 2017

www.ingramcontent.com/pod-product-compliance
Lightning Source LLC
LaVergne TN
LVHW080657011026
849160LV00014B/1463